Dollar
Dollar
Dollar
Dollar

양종기 박사의 **경제이야기_2**

달러와 한국경제

Korea Economic

양 종 기 저

미국 달러는 세계통화이다. 달러는 세계 각국의 돈과 상품, 노동을 이동시키고 각종 유·무형 상품의 가격을 변동시킨다. 달러는 거대한 미국 자신의 경제를 움직이고 있을 뿐만 아니라 여타 다른 선진국과 개발도상국의 경제 상황을 매일 바꾼다. 마치 회전무대처럼 매일 세계 경제와 각국의 경제 상황을 변화시킨다. 달러는 하루도 쉬지 않고 가치 변동을 일으키며 우리의 일상생활과 지원까지 배분한다. 달러는 한국경제에 결정적으로 영향을 미치는 중요한 변수이다. 미국 달러는 한국 돈을 회전시키고 배분하며 원-달러 환율과 수출입의 변동을 가져온다. 달러는 한국경제에 치명타를 가하기도 하고 성장을 촉진하기도 한다. 달러는 우리의 국방까지도 흔들고 심대한 영향을 벗어나지 못하도록 만들기도 한다.

도서출판 원

머 | 리 | 말 |

미국 달러는 세계통화이다. 달러는 세계 각국의 돈과 상품, 노동을 이동시키고 각종 유·무형 상품의 가격을 변동시킨다. 달러는 거대한 미국 자신의 경제를 움직이고 있을 뿐만 아니라 여타 다른 선진국과 개발도상국의 경제 상황을 매일 바꾼다. 마치 회전무대처럼 매일 세계 경제와 각국의 경제 상황을 변화시킨다. 달러는 하루도 쉬지 않고 가치 변동을 일으키며 우리의 일상생활과 자원까지 배분한다. 달러는 한국경제에 결정적으로 영향을 미치는 중요한 변수이다. 미국 달러는 한국 돈을 회전시키고 배분하며 원-달러 환율과 수출입의 변동을 가져온다. 달러는 한국경제에 치명타를 가하기도 하고 성장을 촉진하기도 한다. 달러는 우리의 국방까지도 흔들고 심대한 영향을 벗어나지 못하도록 만들기도 한다. 본서는 이처럼 한국경제를 요리하는 미국 달러의 세계와 한국경제와의 관계를 이해하는 데 초점을 맞추어 관련된 보도를 중심으로 필자가 생각하고 분석한 것들을 모아 책으로 출간하게 됐다. 부족한 부분이 많이 있겠지만 모두가 서로 공부하는 기분으로 읽어 주고 부족한 부분을 지적해 줄 것을 바라면서 필자는 앞으로도 계속 배우고 고치며 나아 갈 것이다.

2013년 5월

고양 일산

사저에서

차 | 례 |

1. 국제통화질서의 과거와 현재

국제통화제도란 국제결재를 하기 위한 규칙과 수단, 도구 및 조직 등을 포괄한 세계통화질서의 제도를 말한다. 이러한 국제통화제도는 국제통화질서 또는 국제통화체제라고도 부른다. 세계통화질서는 환율의 결정 방법과 국제준비자산의 형태에 따라 다양하게 분류되고 있다. 국제통화질서는 국제경제의 역사적 여건 속에서 변천해 왔으며 세계 각국의 실물경제 및 금융통화 경제에 지대한 영향을 미치고 있다. 제2차 세계대전 이후 국제금융질서는 1945~71년 사이 금 달러 본위 고정환율제도(1온스 당=35달러)로 짜여진 브레턴우즈 체제에서 1971~76년 동안에는 금 태환중지와 달러본위제도로 이행한 스미스소니언 체제를 거쳤고 1976년부터 현재까지는 변동환율제도와 SDR준비자산을 활용하는 킹스턴체제를 유지하였다. **국제통화질서는 특히 냉전체제가 붕괴된 이후 미국의 달러화가 세계의 기축통화 역할을 수행했다. 미국 달러는 세계통화로서 국제금융시장을 지배하고 있으며 여전히 세계무역의 결재통화 역할을 다 하고 있다.** 그러나

2008년 10월 미국 발 글로벌 금융위기로 1929년 대공황에 버금가는 전 세계적인 공황 상황에 빠지면서 그 동안 유지해 왔던 킹스턴체제에 의문을 제기했다. 이것은 그 동안 브레턴우즈체제에 뿌리를 두었던 국제금융질서가 막을 내리고 새로운 세계금융질서의 태동을 의미하며 그 시작이 되고 있다. 새로운 국제금융질서의 기초는 IMF를 대체하는 새로운 국제기구 창설 또는 대대적인 재편과 함께 미국 달러화의 역할 축소 그리고 세계금융질서를 해칠 수 있는 헤지 펀드와 사모펀드에 대한 규제 강화, 금융회사 회계기준 재검토 등이 주요 의제로 등장했다.

19세기 중엽까지 지배했던 국제통화질서는 금본위제도였다. 금본위제도는 국제통화제도로서 이 제도를 처음 채택한 나라는 영국밖에 없었다. 그러나 1870년대 들어서면서 프랑스, 독일, 미국은 금은복본위제도 또는 은본위제도를 포기하고 금본위제도를 채택했다. 금본위제도는 각국이 화폐와 금의 태환과 금의 국제거래를 보장하였고 국제적인 금의 고갈로 인한 유동성 위기는 중앙은행으로부터의 재할인을 통해 해결되는 제도적 특징을 가지고 있었다. 일정한 가격에서 화폐의 금 태환성을 보장하고 있었고 가격-정화흐름 메커니즘 기능에 의해 국제수지불균형의 자동적인 조정을 보장하였다. 금본위제도 하에서 국제수지불균형의 자동조정기능은 다음과 같이 작동하였다. 어떤 국가가 영국으로부터 수입을 많이 하여 경상수지에 적자가 발생하면 영국으로부터의 차입이 불가능할 경우, 적자국가는 경상수지 적자를 지불하기 위해 영국으로 금을 보낸다. 이로 인해 적자국가는 금 보유가 줄고 영국의 금 보유는 늘어나게 된다. 이러한 금의 이동으로 적자국가의 통화량은 줄고 영국의 통화량은 증가해 결국 적자국가의 물가는 하락하고 영국의 물가는 상승하게 된다. 양국 간의 상반된 물가변화는 명목환율이 고정되어 있으므로 실질환율이 변화하게 된다. 파운드화의 대외적 실질가치가 상승하게 되고 상대적으로 비싸진 영국 물품에 대한 수요가 감소하게 된다. 이러한 수요 감소는 영국의 무역흑자를 감소시키고 동시에 적자국가의 무역적자도 축소시켜 최종적으로 적자국가에서 흑자국가인 영국으로의 금이동이 정지되면서 양국 간의 국제수지는 다시 원상으로 회복되는 것이다. 이와 같이 금본위제도는 자유방임주의적 무역질서에 기초하고 있었고 중앙은행의 최종 대부자 역할과 실제 인위적인 조정이 필요했던 영국 파운드화 중심의 비대칭적인 통화제도였다.

은행들은 실제 금의 이동에 자동적으로 반응한 것이 아니라 금의 이동이 국내물가 및 경기에 미치는 영향을 완화시키기 위해 자의적으로 반응했기 때문에 은행의 역할은 금본위제도의 정화흐름 메커니즘 기능을 약화시키는 체제 결함을 가지고 있었다. 당시 금본위제도가 원만하게 작동한 것은 영국의 막강한 경제력을 뒷받침하였던 런던금융시장의 발전이 금본위제도의 운영에 필요한 구심점을 제공하였고 세계 각국의 경제에 대한 지원 역할을 할 수 있었기 때문이었다. 국제수지불균형 조정은 금을 기초로 한 신용창출이 상대가격을 변화시키는 구조였다. 그러나 영국은 경제 및 금융의 지배적인 위치에도 불구하고 세계물가수준을 안정시키기 위해 세계통화량을 결정하고 통제할 만한 기준통화 역할은 하지 못했다. 세계 전체의 물가수준은 금의 세계 전체의 공급과 수요에 의해 결정되었다. 이러한 금본위제도는 20세기에 넘어오면서 각국의 대내적인 문제가 노출되고 국제협력체제가 균열되기 시작하면서 금본위제도 자체의 결점과 미국, 독일 등 신흥공업국의 부상과 함께 영국의 경제력 약화에 의해 붕괴되어 갔다. 금본위제도의 결점은 경제 성장에 따라 증가하는 화폐수요에 금 생산량이 충분히 충족시킬 수 있는 것인가에 대한 해답은 없었다. 또한 각국 화폐와 금은 서로 일정한 가치로 고정되었지만 금의 가치가 일정하지 않으면 물가변화가 발생할 수 있는 결점을 가지고 있었다. 영국의 경제적 지배력 상실도 금본위제도 붕괴의 결정적 요인이었다. 효율적이고 안정적인 금본위제도의 국제통화질서에서 오는 이득을 대다수 국가들은 얻을 수 있었다. 그러나 프랑스, 독일, 미국 등 신흥공업국들은 영국에게 유리한 국제통화질서를 내심 달가워하지 않으면서도 영국의 지위가 확실한 동안 금본위제도의 이탈을 방지할 수 있었다.

20세기에 들어서면서 미국, 독일의 경제력이 확대되고 영국의 경제력이 상대적으로 약화되면서 금본위제도의 기반은 흔들리기 시작하던 중 1914년 제1차 세계대전이 발생하자 각국은 전시재정을 위해 금본위제도를 포기하면서 공식적으로 붕괴되었다. **제1차 세계대전의**

발발과 함께 교전국들은 금 공급을 중단하고 금본위제도를 이탈하면서 금본위제도는 완전히 붕괴되자 국제통화제도는 무질서한 변동환율제도로 바꾸었다. 즉, 국제통화질서는 1919~1926년에는 변동환율제도, 1927~1931년에는 고정환율제도, 1932~1939년에는 관리변동환율제도로 이행되었다. 세계대전으로 금본위제도가 붕괴되면서 1919년에서 1926년 사이에는 변동환율제도가 채택되었다. 세계대전 중 통화가치의 혼란을 방지하기 위해 영국, 미국 및 프랑스 간에 한시적인 대책이 마련되었다. 그 결과 대전 후반기에는 달러화에 대한 파운드화 및 프랑스프랑화의 가치가 일시적으로 안정되었다. 그러나 1919년 지원책이 마감되면서 대부분의 화폐들은 자유로운 변동이 허락되었으며 금의 가치에 고정시킨 화폐는 미국 달러화 뿐 이었다. 이 시기에는 통화당국에 의한 외환시장 개입이 거의 없었다. 제1차 세계대전 직후의 환율제도는 각국이 대외적인 의무가 전혀 없는 변동환율제도였다. 그 이유는 전후 복구를 위해 필요한 엄청난 재정을 통화증발을 통해 자금을 조달하려고 했기 때문이었다. 통화증발은 전쟁으로 인한 생산능력 감소와 함께 급격한 물가상승을 유발하였다. 제1차 세계대전에서 패배한 독일의 경우, 1919년 1월 262였던 물가지수가 1923년 12월에는 1,261,600으로 상승해 5년 사이에 무려 4,815억 배나 상승하였다. 이러한 천문학적인 인플레이션의 요인은 독일의 과도한 전쟁배상금을 지불에 기인한 것이었다. **1927년에서 1931년 사이에 국제통화질서는 초고속 인플레이션의 경험에서 얻은 결과로 화폐가치의 절대적 안정이 최대 과제였다.** 영국, 프랑스, 이탈리아, 일본은 1922년 금본위제도로 복귀하고 각국의 대내 및 대외적 목표를 달성하기 위해 중앙은행이 협조를 도모하는데 동의했다. 그러나 세계 금 공급량이 각국 중앙은행이 보유해야 하는 금 요구량을 충족할 수 없음을 인식하고 소규모 국가의 중앙은행들은 보유금의 일부를 금 대신에 영국의 파운드로 대치할 수 있도록 하였다. 이러한 국제통화질서는 각 국가 간의 통화관계를 지배할 수 있고 각국의 경제관계도 과거 금본위제도시기로 돌아갈 수 있으리라고 믿었다. 당시의 고정환율제도는 환율의 변동을 완전히 배제한 것은 아니지만 거의 대부분 gold point를 넘지 않는 정도로 제한됐으며 외환거래는 공식환율에서 자유로이 이루어졌다. 그러나 금환본위의 고정환율제도는 1931년 영국이 금에 고정시켰던 파운드화의 교환비율을 파기함으로써 종말을 고했다. 당시의 국제통화질서가 붕괴된 이유는 금본위제도로 복귀하면서 영국 파운드화와 금의 교환비율을 전쟁 이전의 수준으로 고정시켰고 각국이 대외적인 목표보다 대내적인 목표를 중시해 대내적인 경제성장 및 완전고용을 포기할 수 없었다. 또한 영국의 상대적인 위치가 약화되는 동안 각국은 국내 경제적인 목적을 달성하기 위해 경제에 대한 통제권을 행사하였다. 이러한 상황에서 각국은 이기적인 근린궁핍화 정책을 시행함으로서 국제경제질서의 붕괴를 재촉하였다. 1929년 대공황 이후 각국은 극심한 경기침체와 실업, 파운드화의 위기에 직면하였다. 영국은 금과 파운드화간의 연계를 포기하고 1931년 9월 평가절하를 단행하였다. 결국 영국, 일본, 북구국가들 및 남미국가들은 1932년 초 변동환율제도를 채택하였다. 벨기에는 1935년 관리변동환율제도로 이행했다. 프랑스, 네덜란드, 폴란드 및 스위스는 1936년까지 금에 대해 화폐가치를 고정시켰다. 그러나 **당시 변동환율제도는 외환평**

형기금의 조정을 통해 환율이 관리되도록 하였다. 미국은 1933년 금 1온스 당 20.67달러에서 35달러와 교환되도록 달러의 가치하락을 허용하였고 이후 관리변동환율 제도를 채택하였다. 그러나 각국은 국내 경기 진작에 우선하거나 자국 산업을 보호하기 위한 수입 억제 등으로 국제적 협조를 외면하였다. 미국은 산업보호 명목 하에 수입품에 높은 관세를 부과하였고 다른 국가들도 보복조치를 취해 60개국이 관세를 인상하였다. 또한 각국들은 금의 유출을 방지하고 자국 상품에 대한 해외수요를 창출할 목적으로 경쟁적인 평가절하를 단행했다. **경쟁적인 평가절하로 무역수지개선을 달성할 수 없었다. 이러한 근린궁핍화정책은 세계경제를 위축시켰다. 국가와 지역경제는 다른 국가 및 지역의 희생 아래 자국의 경제문제를 해결하기 위해 경쟁적으로 규제 및 평가절하를 단행하였다.** 세계경제는 전례 없는 경제전쟁의 시대에 접어들게 되었다.

제2차 세계 대전 이후 국제통화질서는 각 국가들이 대내적으로 경제성장과 완전고용을 달성하고 대외적으로는 1930년대의 국가 이기주의적인 재현을 방지할 수 있는 안정적인 국제경제질서를 창조하는 것이었다. 이러한 목표를 달성하기 위해 변동환율제도에서 발생되는 불안정성과 금환본위제도에서 나타난 유동성 부족 및 조절능력 결핍 그리고 혼란기의 경쟁적 평가절하, 무역규제, 외환통제 등 근린궁핍화정책을 고려해 탄생된 것이 브레튼우즈 체제이었다. 브레튼우즈 체제라는 국제통화질서는 다음과 같은 특징을 가지고 출발했다. 달러화는 금에 고정시키고 동시에 다른 통화들도 달러화에 대한 기준 환율을 고정시킨 수준에서 환율은 1% 범위 내에서 변동할 수 있도록 하였다. 경상거래는 자유로운 태환성을 부여하고 국내금융시장을 보호하기 위한 자본규제를 허용하지만 자본자유화에 노력하는 것이었다. 외환시장 개입 및 외환보유 통화는 달러를 이용하고 단기적 외환보유고 감소는 중앙은행의 국내 금융자산의 매입을 통해 조정하였으며 경상수지불균형은 재정정책을 통해 조정한 것이었다. 이것은 각국의 통화량이 미국의 물가추세에 맞추어 고정환율을 유지하고 미국의 통화정책에 따라 세계(달러)물가수준을 결정한 것이었다. 미국은 국제채권자의 위치와 외환시장에 수동적으로 참여하는 것이었다. 이러한 브레튼우즈 체제는 비대칭적인 금-달러본위제도로서 달러본위의 고정환율제도로 변질되어 갔다. 미국 달러는 기축통화로서 기능을 하였고 모든 국가의 화폐는 달러화를 통해 금에 대한 비율을 고정시켰다. 처음 조절 가능한 고정 환율제도는 완전한 고정환율제도로 변질되어 갔다. 미국 달러는 기축통화로서의 기능을 하였고 모든 국가의 화폐는 달러화를 통해 금에 대한 비율을 고정시킨 것이다. 달러화의 기축통화로서의 역할은 미국의 완만한 통화성장과 상대적으로 낮은 인플레이션에 의해 더욱 강화되었다. 1949년부터 1967년까지 자본이동이 제한되어 있었고 기준 환율도 안정적으로 유지되고 있었으므로 각국은 정부저축 조정을 통해 국내균형을 이룸으로써 경상수지불균형 문제를 해결할 수 있었다. 그러나 세계경제의 급속한 성장으로 국제무역이 빠른 속도로 확대되고 국제자본 이동이 활발해져 가는 동안 경제성장에 따른 준비자산의 증대욕구와 함께 고정 환율과 독자적인 거시경제정책은 내재적 모순을 축적해 갔다. 경상수지 적자와 투매 현상을 억제하기 위해 환율조정이 필요하였으나 고정 환율체제 하에서는 문제만 악화되어 결국 1971년 8월 미 달러의 금태환 정지 선언으로 사실상 와해되었다. 그 후 과도기적인 조치로 스미소니언 협정(Smithsonian Agreement)에 의해 미국 달러를 금에 대해 평가절하하고 각국 통화의 환율 변동폭을 확대한 제도(wider band system)를 채택하였다. 그러나 미국 등 구미 선진국들의 국제수지불균형은 여전히 확대되었고 환율불안이 가중되었다. 당시 세계 외환보유는 80% 이상 미국 달러화가 차지하는 달러보유 과잉문제까지 가세되어 외환시장에서는 달러 투매가 계속되었다. 결국 스미소니언협정도 실효를 거두지 못하고 1973년 3월 변동환율제도로 이행함으로서 1947년부터 운용되어 온 브레튼우즈 체제는 사실상 완전히 붕괴되었다. 킹스턴체제는 변동환율 제도를 뒷받침한 제도로서 각국이 재량으로 환율 제도를 채택할 수 있도록 하였고 금의 공정가격을 폐지하였다. 준비자산으로 특별인출권(SDR: special drawing rights)의 기능을 보강하였으며 국제통화기금(IMF)의 신용과 이용을 확대하였다. 금 및 미국 달러화에 의해 공급되던 국제유동성문제의 해소와 국제수지조정 및 구조조정은 신용확대와 기능 강화로 지원하는 체제를 만들었다. **변동환율제를 주축으로 하는 현행 킹스턴체제는 변동환율제도가 갖는 장점인 원활한 국제수지조정 기능의 수행, 국제인플레이션의 국내파급효과의 경감, 국내통화정책의 효율성 증대 등의 효과를 기대할 수 있을 뿐만 아**

니라 미국 달러화가 독점적으로 누리던 통화발권수익(seigniorage)도 여타 통화로 분산시키고 있다. 그러나 킹스턴체제는 변동환율제도가 갖는 단점인 환율 불안정과 불확실성의 증대, 국제통화기금의 감독 약화, 경제정책 협조의 미흡 등의 문제가 국제통화 질서를 위협하고 있다. 환율조정문제가 1985년 9월의 프라자 협정(Plaza agreement)과 1987년 2월의 루브르 합의(Louvre Accord)를 통해 정책협조를 이루어냈으나 성과는 기대에 미치지 못하고 있다. 환율의 단기 급변으로 인한 각국의 경제적 피해를 최소화하고 환율안정과 국제수지불균형을 조정하기 위해 각국 간의 정책조화와 함께 목표환율대(target zone of exchange rate) 설정과 거시경제정책에 대한 목표지표(objective indicators)의 설정을 통해 감독기능을 강화해야 한다고 주장한다. 또한 다른 한쪽에서는 미국 달러화, 일본 엔화, 유로화를 기축통화로 구성하여 고정환율제도를 운영하자는 대안이 제시되고 있다. 이 제도를 정착시키기 위해서는 3개국 간의 정책협조가 필수적이고 협조에 따른 편익과 비용배분 문제, 통화 공급 증가율에 대한 공동목표의 설정문제 등이 따른다. **현재의 국제통화질서는 유로화, 달러화, 엔화를 기축으로 하는 삼극 통화 체제 속에 스위스 프랑화, 중국의 위안화, 영국의 파운드화 등이 보조역할을 하는 체제이다.**

2. 기축통화이자 세계통화인 미달러화의 역사와 미래

기축통화 달러화의 역사 : 기축통화란 국제적으로 가장 널리 통용되는 통화 즉 국제간의 결제나 국제적인 금융거래에서 널리 사용되는 세계통화이다. 국제적으로 쓰이고 있는 세계통화로는 미국 달러, 유럽연합 유로화, 영국 파운드, 스위스 프랑, 일본 엔화 등이다. 이들 통화 가운데 특히 미국 달러화는 기축통화로서 국제경제 및 세계시장의 회전무대와 같은 국제통화 역할을 수행하고 있다. 지금까지 미국 달러화는 세계2차 대전 이후 기축통화의 역할을 해 왔다. 미국 달러화가 기축통화가 된 것은 제2차 세계대전 말인 1944년에 서방 44개국이 미국 달러화를 금과 고정시킨 비율(금 1온스 당 35달러로 고정)로 교환할 수 있도록 합의한 브레턴우즈체제에서부터 시작한다. **오늘날 미국의 달러화가 기축통화로 자리 잡게 된 데에는 다음과 같은 몇가지 배경이 확고하게 자립잡고 있다. ① 미국이 장악하고 있는 경제력과 군사력을 어느 나라도 대체할 수 없을 만큼 막강하다.** 미국 달러의 위치 강화는 미국의 막강한 군사적 힘이 세계경찰국가로서 뒤에서 받쳐주고 있다. 미국은 정치적 영향력과 세계의 경찰국가로서의 지위가 슈퍼국가로서 튼튼하게 자립잡고 있다. ② **미국 달러화는 무역거래 결재수단으로서의 광범위한 사용 등에서 여전히 확실한 지위를 차지하고 있다.** 미국 달러는 국제거래에서 가장 중요한 대표적인 지불수단으로 사용되고 있다. ③ **미국 달러는 가치척도로서 무역대금을 표시하는 등 회계단위로 널리 사용되고 있다. ④ 미국 달러는 민간 또는 중앙은행 외화자산을 구성하는 중요 자산이다. ⑤ 미국 달러를 대체할 만한 다른 국제통화를 아직 찾지 못하고 있으며 국제시장에 부상하지 않고 있는 국제적인 현실이 작용하고 있다. ⑥ 지금까지 기축통화로 미국 달러화 외에 유로, 엔, 파운드가 널리 사용되고 있지만 이들 경쟁통화가 미국 달러가 차지학도 있는 독보적인 위치를 탈환하지 못하고 있다.** 전 세계 외환보유액 중 65%, 국제은행 외화대출 잔액 중 54%, 세계 무역거래 중 45%를 미국 달러화가 점유하고 있다. ⑦ **국제통화 기구에서 발행되는 특별 인출권(SDR)는 달러, 유로, 엔, 파운드로 구성된 '통화 바스켓'으로 만들어진 통화이다.** SDR는 국제 유동성 부족에 대처하기 위해 IMF가 만든 국제준비통화이다. 그러나 실제 국제거래에 사용되는 결제통화 기능을 하는 것은 아니다. SDR는 주요 통화로 꾸러미를 만들어 외환보유액을 통합적으로 표시하고 관리하기 위한 통화에 불과하다. ⑧ **이 같은 미국의 힘은 대전이후 지금까지 달러의 흔들림이 여러 번 있었음에도 불구하고 계속 기축통화로서의 기능을 수행하고 있으며 다른 나라를 따돌리고 있다.** 미국의 힘이 세계 구조 속에서 커다란 변화가 없는 한 미국 달러화는 여전히 기축통화 역할을 유지할 수밖에 없다. 그렇다면 미국 달러화가 세계적인 통화로 군림하기까지 어떤 역사를 걸어왔을까? 미국의 통화 역사를 살펴볼 필요가 있다.

역사적으로 볼 때 미국 달러화는 1944년 브레턴우즈 체제가 출범하면서부터 기축통화 지위를 인수받게 됐다. 그 이전에는 파운드, 달러, 프랑이 모두 국제금융시장에서 준비통화로 사용됐다. 브레턴우즈 체제에서는 미국 달러화만 금과 일정한 비율(온스 당 35달러)로 바꿀 수 있고, 다른 나라 통화는 일정한 비율로 미국 달러화로 교환할 수 있는 금환본위체제였다. **미국은 세계의 경찰국가로서 공산화를 막는다는 명분으로 베트남 전쟁에 깊숙이 개입하였다. 그러나 베트남 전쟁 참전한 이후 쌓이기 시작한 거대한 쌍둥이(재정·경상수지) 적자에 시달렸다.** 쌓이는 적자누적을 더 이상 막지 못하고 오히려 계속 증가하였다. 결국 미국은 1971년 달러화를 금으로 바꿔줄 수 없다는 발표를 선언했다. 이로 인해 브레턴우즈 체제가 붕괴되고 국제통화체제는 변동환율체제로 바뀌었다. 하지만 변동환율제도하에서도 달러화는 기축통화로서 지위를 굳건히 유지할 수 있었다. 이 같은 사정은 세계 최강 경제력, 군사력, 강력한 금융 네트워크, 달러화에 필적할 만한 경쟁통화 부재 등이 복합적으로 작용했다.

달러화는 국제통화이자 기축통화로서 여전히 패권을 상실하지 않았다. 그러나 2009년 미국 발 글로벌 금융위기가 전 세계경제를 강타

하면서 달러화 위상은 다시 한 번 심각한 도전을 받게 되었다. 미국 경제가 크게 흔들리고 소용돌이치면서 1929년 세계 공황 버금가는 상황으로 빠져들었다. 세계는 경기불황과 금융위기를 탈출하기 위한 각종 정책을 쏟아냈다. 달러화의 가치는 거침없이 폭락하였다. 미국은 위기에서 벗어나기 위해 모든 정책 수단을 다 동원하였고 그 지원을 위해 엄청난 달러화를 찍어냈다. 미국이 2008년 이후 금융위기 극복을 위해 쏟아 부은 돈만 약 3조 달러에 달했다. 2007년 말 8700억 달러였던 미국 중앙은행 자산은 2008년 3월에는 2조500억 달러로 늘어났다. 문제는 여기서 끝나지 않았다. 시장으로 나간 자금을 빨아들이기 위해 미국 중앙은행은 3000억 달러 규모 국채를 매입하고 정부 주도로 만든 민관합동펀드는 부실 모기지증권을 1조 달러로 매입하였다. 이후 달러가치는 급락세를 보였다. **미국 국채를 빨아들인 중국은 이미 2009년 초반 기축통화 논쟁을 주도해 왔다. ① 중국은 최대 규모의 미국 달러화 자산을 보유하고 있다.** 중국 보유 미국 자산은 약 1조4000억 달러에 달한다. 이는 중국 전체 외환보유액 1조9460억 달러 중 70%에 이른다. 1조4000억 달러 중 미국 국채는 7400억 달러로, 미국 국채 발행 잔액 5조7000억 달러 가운데 13%를 차지한다. 중국은 막대한 달러로 미국 국채시장과 외환시장은 물론 세계 금융시장을 흔들 수 있다. **② 중국은 달러화 가치의 하락으로 국가 재산이 줄어드는 것을 막기 위해 나설 경우 세계금융시장에 미치는 파급효과가 엄청나게 크다. ③ 중국은 G20 정상회의에서 달러화를 흔들면서 자국의 정치 외교적인 영향력을 확대하고 있다.** 중국은 러시아 인도 브라질 등 브릭스 국가들과 공조해 경제 외교적으로 영향력을 높이고 있다. 달러화 체제에 대해 반감을 가진 최대 외환보유국인 러시아와 브라질이 중국에 동조하고 있다. ④ **중국은 IMF 1000억 달러 출연금에 적극적인 행동을 취하고 있다.** 러시아 인도 브라질 등 경제대국들은 중국과 함께 IMF 지분 인상을 꾸준히 요구하고 있다. ⑤ **중국은 IMF와 유엔 등 국제기구가 새로운 통화질서 형성에 동조하는 분위기를 적극 활용하고 있다.**

미국 이외의 국가들의 기축통화가 미국 달러화를 세계무대에서 밀어내지 못한 것은 비미국 통화국가의 경제력이 미국경제를 대체할 수 없기 때문이다. 이와 같은 미국의 저력을 보기 위해 미국 달러화의 과거 역사적 흐름을 살펴보기로 한다. 미국 합중국의 달러(Dollar)는 유럽국가의 화폐 역사와 비하면 짧은 역사를 가졌다. 그러나 짧은 역사에도 불구하고 미국의 달러화는 역동적인 기복의 역사를 걸었다. 미국이 자신의 고유 화폐인 달러를 갖게 된 시기는 독립을 선언한 1776년부터 시작하였다. 당시 대륙 의회는 전비를 지불하기 위해 금 또는 은 태환을 약속한 지폐를 발행하였다. 처음 발행한 태환보증 지폐의 금액은 2백만 달러였다. 그 이후 동 은행권의 발행은 계속 증대되었다. 일부는 洲에서도 발행되었다. 이러한 은행권의 유통이 급속히 팽창하면서 금 또는 은 태환 능력을 지속적으로 줄어들게 만들었고 결국에는 금 또는 은 태환 보증의 지폐는 사실상 가치 없는 화폐로 전락하고 말았다.

1792년 동전법(Coinage Act)이 제정되면서 은화와 금화가 다시 주조되기 시작했다. 금화의 가치는 은화의 가치와 15:1로 고정시켜 놓았다. 이러한 가치 평가의 고정은 은의 가격이 하락할 때 실제 금의 가치도 평가절하 하는 결과를 가져와 금이 시장에서 사라지는 현상을 초래했다. 양 동전의 평가를 16:1로 변경됐을 때는 위와 정반대의 효과를 불러 일으켜 은이 평가절하 되므로 외국에서 높은 가격으로 거래되는 결과를 가져와 은이 시장에서 소멸되는 현상이 나타났다. 결국 이 통화제도는 법적인 강제가 없었음에도 불구하고 사실상 금에 기초하는 화폐질서를 가져오게 되었다. 당시 양 금속주의(Bimetallism) 통화체제는 1792년 주화법에 의해 폐지되고 하나의 금속이 시장가격에 따라 달러의 기초를 형성하는 이론으로 남게 되었다. 당시 이 시스템의 최대 수혜자는 투기꾼들이었다.

미국의 시민전쟁은 다시 새로운 달라 위기를 가져왔다. 뉴욕의 은행들은 자신들이 발행한 은행권의 금 태환을 1861년 중지하자 다른 은행들도 이를 따르고 결국은 재무성도 전쟁 초 발행했던 5천만 달러에 달하는 은행권의 금 태환을 정지하고 말았다. 당시 재무성은 금으로 태환할 수 없는 은행권인 그린 백[1)](Greenbacks)을 대량으로 발행하였다. 이 화폐의 가치는 신뢰 부족으로 금 퇴장의 현상을 가져왔고 지폐의 가치 절하를 가속화시켰다. 금화는 거래유통에서 사실상 사라

1) 은행권의 뒷면이 녹색이었다고 해서 그린 백의 별칭이 붙음

졌고 소액 돈은 귀해졌다. 각 주와 기업들은 긴급히 대용 화폐나 우표를 발행하여 돈으로 사용하기도 하였다. 이러한 현상은 제1차 세계대전 이후 다시 인플레를 촉발시켰다.

1875년 그린백의 금 태환을 다시 보장하는 법(Specie Resumption Act)이 발효 되었다. 은화의 주조가 1873년에 중지됨으로써 이때부터 사실상 금화시대가 열리게 된 것이다. 당시 은의 가격은 시장거래에서 은화 자체로 지불했던 것보다 높았기 때문에 은 관련 이해 관계자들은 은화의 폐지에 대해 이의를 제기하지 않았다. 그러나 은광의 발견으로 은 가격이 하락하면서 상황은 다시 반전되었다. 미국 화폐 역사를 보면 당시의 이해 관계자들은 은을 법정 통화로 만들거나 은과 금을 공동기반으로 한 법정 통화를 만들기 위해 정치적 압력을 행사한 것이었다. 결국 재무성은 1878년 법 제정에 의해 은을 매월 4백만 달러까지 매입할 의무를 지게 되고 은화를 주조하거나 은 증서를 발행하지 않으면 안 되게 되었다.

1890년에 발효된 셔만 은 매입법(Sherman Silber Purchase Act)은 은 증서의 금 태환을 허용하였다. 그러나 이러한 상황은 오래가지 못했다. 재무성은 끊임없이 들어오는 은 유입과 이와 관련해서 일어나는 금의 손실을 중지하지 않을 수 없게 되었다. 1893년 셔먼 법은 마침내 폐기되고 은화 추종자와 금화 추종자간의 싸움이 1900년 금본위 법(Gold Standard Act)에 의해 금에 기초한 달라 화가 공식적으로

화폐의 기본이 될 때까지 계속되었다. 그 이후 미국은 소위 금 주화본위(Gold Coin Standard)체제를 갖게 되었다. 유통되는 모든 화폐는 금 태환이 보증되었고 그린 백(Greenbacks)과 1890년 발행된 재무성 은행권의 금 태환을 보증하기 위해 1조5천만 달러의 특별기금이 조성되었다. 달러의 가치는 1900년 3월 14일 순금 1.504632 그램(gram)으로 고정되었으며, 이 고정가치는 1933년까지 유지되었다.

경제공황과 주요국 특히 영국의 금본위 중지는 격심한 금 손실과 퇴장을 유발했다. 이러한 발전 양상이 확산되고 은행업이 곤경에 처하게 되자 1933년 3월에 취임한 루즈벨트(Franklin D. Roosevelt) 대통령은 금화본위제를 포기하지 않을 수 없었다. 1934년 1월 31일 달러화는 금 가격을 온스 당 20.67달러에서 35달러로 인상함으로서 달라는 평가절하 되었다. 이것은 1달러 당 순금 0.888671g를 나타낸 것이다. 1934년 금 준비법(Gold Reserve Act)은 일반 민간인이 주화(coin) 형태의 금이나 금괴(gold-barren) 보유를 금지하였다. 모든 금은 재무성이 보유하게 되었고 금 판매는 오로지 중앙은행과 외국정부에 대한 국제 결재에만 허용되었다.

연방 준비은행(Federal Reserve Banks)은 기 발행된 연방 준비 은행권과 회원은행 예금의 25% 를 금으로 충원했다. 그것은 재무성이 금 증서(Gold Certificates)형태로 보유했다. 그러나 은행권의 유통이 크게 증대되고, 회원 은행의 예금이 증대되는 반면 금의 유출이 급격히 늘어나면서 은행권에 대한 금 준비율은 1949년 57.5%에서 1964년 27.5%로 크게 감소하였다. 이런 상황에 이르게 되자 미국 의회는 1965년 2월 예금에 대한 금 준비 의무를 포기하는 조치를 취하고 오직 은행권에만 금 충족을 유지하도록 하였다. 동시에 산업의 해외 자본수출과 은행의 해외 신용대출은 업계의 자발적인 형태로 제한되었다. 이러한 모든 조치는 국제수지의 개선이 최대 목표였으며, 후진국에 대한 자본수출 및 신용대출 제한은 예외 적용이 되었다.

그러나 금은 계속 유출되었고 국제수지 적자는 개선되지 않고 더욱 악화되어 갔으며 설상가상으로 인플레 압박과 베트남 전쟁 및 미 국민의 해외여행의 바람 등 요인들은 외국 은행들의 달러계좌에서 이탈해 금 매입을 더욱 가속화시켰다. 1967년 11월 영국 파운드화가 평가절하되었다. 이것은 금 매입을 더욱 부채질했다. 달라와 금 간의 가치 유지가 온스 당 35달러에 머물러 있을 것이라는 미국 정부의 거듭된 발표에도 불구하고 국제 금융계에서는 계속 의구심이 지배했다. 1967년 말 금 보유 규모는 지난 10년간 128억 달라 규모로 감소해 110억 달러라는 한계수준에 이르게 되었다. 외국인 보유 달러 즉 금 태환 보증의 잠재 요구규모(정부 및 민간의 합계 규모)는 310억 달러였다. 1967연말 은행권 유통 규모 액이 425억 달라 이었으므로 법정 금 준비 규모는 106억 달라가 요구된 것이었다. 그러나 금준비가 계속 감소하면서 금 소득도 급격히 줄어들었기 때문에 그 동안 금 준비 문제가 여러 번 논란이 되었다. 금 준비 폐지 문제가 급박한 현실문제로 대두되자, 결국

1968년 3월 입법제정에 의해 은행권에 대한 금 충족이 폐기되었다. 닉슨 정부는 1971년 10월 외국 통화당국이 보유한 달러에 대해 금 태환을 중지했으며 국제수지 개선을 위해 10% 수입세를 국제협정(smithsonian agreement, 1971년 12월)이 이루어질 때까지 부과하였다.

선진국간의 협정에서 달러의 가치는 온스 당 35달러에서 38달러로 인상되었다. 달러는 다른 주요 선진국의 화폐에 비해 사실상 10% 평가절하된 것이며 이 시점부터 미국 달러의 금 태환 의무는 다시 복원되지 않고 오늘에 이르고 있다. **미국의 금 달러 본위제도는 국내 통화질서체제에서 사실상 이미 오래 전에 폐기되었고 국제 통화질서체제에서는 1971년 12월까지 명맥을 유지하다가 순수한 달러 본위제도(Dollar Standard System)로 변화된 것이다. 사정이 이렇게 변화됐음에도 불구하고 달러화는 특별인출권(SDR)이나 여타 다른 통화로부터 축출 당하지 않고 여전히 준비통화이자 세계통화로서 기축통화의 역할을 수행하고 있으며 또한 시장개입 통화로서 지배적인 역할과 기능을 담당하고 있다.**

미국 달러화와 쌍둥이 적자 : 미국의 경상수지적자와 재정 적자는 1980년대 크게 우려됐다. 1990년대 들어서 쌍둥이 적자는 개선되는 듯했지만 2000년대에 다시 악화되었다. 미국의 경상수지 및 재정 적자는 1980~1990년대 최대 기록을 깨는 수준 이상으로 증가했다. 미국의 쌍둥이 적자는 1980년대처럼 국제자본의 이동과 기축통화 간 환율에 심각한 변동을 초래하였다. 우리나라를 비롯한 세계 경제에 커다란 영향을 미쳤다. **1990년대 쌍둥이 적자는 상황과 원인 및 전개 측면에서 1980년대와 크게 달랐다. 재정적자가 1993년 이후 개선되었고 재정수지도 1998~2001년 흑자를 기록하였다.** 2002년 재정적자는 1,578억 달러로서 GDP대비 1.5%를 기록하였고 2003년 재정적자는 약 4,500억 달러로서 GDP대비 4.2%로 늘었다. 경상수지는 1987년 이후 적자 규모가 축소되어 1991년 소폭의 흑자를 기록하였으나 1992년부터 다시 적자로 돌아섰다. 그 이후 경상수지 적자가 지속적으로 확대되어 2002년에는 5,033억 달러로 GDP대비 4.8%를 기록하였고 2003년에는 5,700억 달러 내외로 GDP대비 5.0%를 상회하였다. 미국의 쌍둥이 적자는 2002년부터 다시 적자로 전환된 후 계속 확대되는 추세이다.

1980년대 쌍둥이 적자 : 미국의 쌍둥이 적자 문제를 살펴보기 위해 먼저 다음과 같은 소득균형조건식에서 출발해 보기로 한다 . : (1) Y = C + I + G + (EX - IM). **여기서 앞 식은 소득 = 소비 + 투자 + 정부지출 + (수출 - 수입)을 나타낸다.** 상기 식은 아래의 식으로 전환시킬 수 있다. : (2) Y - C - G - (EX - IM) = I. 식(2)에서 좌변에 조세(-T)변수를 대입 조작하면 아래와 같은 식이 된다; 민간저축 + 정부저축 + 해외저축 = 총투자 : (3) (Y - T - C) - (G - T) - (EX - IM) = I. 식(3)의 좌변은 민간저축 (Y - T - C)과 정부저축 (G - T) 및 해외저축 (EX - IM)을 나타내고 식(3)의 우변은 총투자를 나타낸다. 식(3)의 좌변을 총저축으로 정의하면 다음과 같다; 총저축 = 민간저축 + 정부저축 + 해외저축 : (4) S = (Y - T - C) - (G - T) - (EX - IM). 따라서 식(1)은 소득균형조건식으로서 최종적으로 총저축과 총투자가 서로 일치한다는 식으로 다음과 같이 전환시킬 수 있다; 총저축 = 총투자 또는 총저축 - 총투자 = 0 : (5) S = I 또는 S - I = 0. 식(5)에서 (총저축 - 총투자) 〉 0 인 경우, 정(+)의 저축투자 갭(정의 순저축)을 나타내고 (총저축 - 총투자) 〈 0 인 경우, 부(-)의 저축투자 갭(부의 순저축)을 나타낸다. 이제 식(1)~식(5)을 통해 1980년대 중반 미국의 쌍둥이 적자에 대해 설명해 보기로 하자. **1980년대 중반 미국의 쌍둥이 적자 즉 재정적자와 경상수지 적자의 누적적인 발생은 민간저축(Y-T-C)이 불충분한 상태에서 감세 및 재정지출이 확대되면서 재정수지 [(G - T) 〈 0] 를 악화시켰다. 이와 같은 재정수지 적자는 경상수지 적자 [(EX - IM) 〈 0] 를 악화시키는 요인이 되었다. 특히 강력한 감세정책과 사회복지비 및 국방비 등은 재정지출의 확대를 심화 시켰다. 이러한 재정적자 [(G - T) 〈 0] 는 일부 국채 발행을 통해 민간저축 (Y-T-C)으로 되고 일부는 해외저축 (EX - IM)으로 흡수되었다. 즉 추가 국채발행은 국내저축과 해외저축을 통한 흡수 되는 과정에서 금리 상승을 초래한 것이 경상수지 적자 [(EX - IM) 〈 0] 를 유발했다. 다시 말해서 추가 국채발행은 전부 민간저축으로 흡수하지 못한 체 국내금리를 상승시키면서 국제자본의 유입을 촉진한 결과 자본수지 적자를 가져왔다.** 부족한 민간저축이 추가 국채발행을 흡수하지 못한 것과 동시에 민간소비성향 증대한 결과 추가 국채발행 ⇒ 국채수요 〈 국채 공급 ⇒ 초과공급초래 ⇒ 국채가격하락 / 국내금리(채권유통수익률) 상승 ⇒ 국제자본 유입으로 이어졌다. 자본유입은 달러 수요 증대를 부추기면서 미 달러화 가치가 크게 상승하였고 이는 수출 및 수입대체 산업의 대외경쟁력을 약화시킴으로써 미국기업의 국제경쟁력 약화로 경상수지 적자를 유발하는 경상수지 상태를 부추기는 악순환을 초래하였다.

1990년대 쌍둥이 적자 : 1990년대 쌍둥이 적자의 배경은 1980년대 쌍둥이 적자 시대와 사정이 달랐다. 1990년대 이후 미국의 대규모 경상수지 적자는 1980년대와 마찬가지로 원천적으로 미국 국내저축이 국내투자를 하회함에 따라 負의 저축투자 갭이 발생한 데는 동일한 요인이었지만 그의 내용과 성격은 상당히 달랐다. 다시 말해서 국내저축 < 국내투자⇒負의 저축-투자 갭 발생 즉 (국내저축-국내투자) < 0 으로 이어졌지만 1980년대와 같이 대규모 재정적자 요인에서 발생한 것이 아니라 개인저축률의 지속적인 하락과 첨단산업을 중심으로 한 민간투자의 증대로 인해 負(-)의 저축투자 갭이 확대된 측면이 컸다. 즉 저축률의 지속적인 하락과 민간투자의 확대가 負(-)의 저축-투자 갭을 확대시킨 것이다. 다른 한편으로는 1980년대 전반처럼 1990년대에도 특히 1996~2001년의 경우, 미국경제는 고성장과 고금리에 따른 자본유입으로 미 달러화 강세가 유지되면서 경상수지 적자를 촉진시켰다. 이 기간 중 미국의 고금리는 재정적자 보전을 위한 대규모 국채발행보다는 장기호황에 따른 미연준이 경기과열을 우려하여 보수적인 통화정책 기조를 유지한 데 따른 요인이 컸다.

2002년 이후 쌍둥이 적자 : 1993년 이후 꾸준히 개선되었던 재정수

지는 2002년부터 다시 악화되기 시작했다. 이와 같은 현상은 경기침체, 감세조치 등에 따른 세수 감소와 9.11 테러사태 이후 안보관련 지출 증대 등 중대한 요인으로 재정수지 적자가 계속 확대되었다. 이는 경기 동행적인 비용 감소보다는 구조적 비용 증대를 유발했고 이것이 재정적자 확대로 이어지면서 연방채무지급이자의 누적적인 증대 ⇒ 재정적자 확대를 가져왔다. 그 결과 미 달러화 가치는 경상수지 적자 누적에 따른 대외채무 증대와 유로지역보다 낮은 금리 등의 영향으로 약세였다. 이러한 미 달러화의 약세 지속에도 불구하고 미국의 경상수지는 개선되지 못했다. 달러화 약세정책의 양면성으로 인해 1980년대와 같이 경상수지 불균형 해소를 위해 쌍둥이 적자는 미 달러화 약세화, 주요 지역 간 환율갈등의 심화, 미국의 보호무역주의 강화를 일으킬 소지가 컸다. 2011회계연도 미국의 재정적자가 계속 쌓이고 있다. 미국의 재정적자는 2011회계연도(2010년 10월~2011년 9월)까지 9천705억 달러에 달했다. 이에 따라 7월중에 총 재정적자는 1조 달러를 돌파할 것으로 예상된다. 미국은 금융위기의 직접적인 영향을 받은 2009회계연도에 연간 재정적자가 1조 달러를 넘어섰으며 2011회계연도까지 3년 연속 1조 달러 이상의 적자를 달할 것으로 보였다. 앞으로 미국경제와 세계경제가 순조롭게 회복되지 않는 한 미국의 재정적자는 줄지 않고 오히려 더 늘어날 가능성이 매우 높아 보였다[연합뉴스, 2011.7.14].

미국경제는 붕괴될까? : 21세기 들어서 미국경제가 망할 것인지 염

려하는 목소리가 커지고 있다. 미국의 국가 채무가 현재 14.3조 달러에서 향후 10년 후 22조 달러에 달하게 되면 미국경제가 파산할 수도 있다고 말한다. 2011년 8월 S&P 사가 미국의 신용등급을 AAA 로부터 AA+로 한 단계 내리자 전 세계증시가 요동을 쳤다. 미국 정부가 돈이 없어서 사회보장연금을 연장자들에게 제 때 발급하지 못할 것이란 진단이 나오면서 연금에 의존하는 노년층 시민들은 불안에 떨고 있다. 실업률은 좀처럼 내려갈 줄 모르고 9%를 상회하고 있으며 부동산 시장은 여전히 활력을 찾지 못한 가운데 경제 성장도 기대치를 훨씬 밑돌고 있다. 이런 상황을 두고 미국의 경제가 언제가 몰락할 수 있을 것이라고 예측한다. 그러나 정작 미국인 자신들은 미국은 역사적으로 단 한 번도 채무불이행을 한 적도 없었고 앞으로도 절대로 그런 사태는 오지 않을 것이라고 확신한다. 이러한 미국인들의 확신은 미국의 채무통계에서도 뒤받침 해주고 있다. **미국의 재무자산의 87%와 미국국가 채권의 69%를 미국과 미국인들이 소유하고 있다. 미국과 미국인들은 세계의 기축통화인 달러 표시 재무자산과 국채를 각각 87%, 69% 소유하고 있다는 뜻이다.** 중국은 아시아의 강력한 신흥국가로서 미국의 재무자산의 1%를 그리고 미국국채의 8% 만을 보유하고 있다. 이 통계에서 볼 수 있듯이 미합중국은 미국과 미국인에 의해 관리되고 있다는 것을 확인시켜주고 있다. 따라서 미국의 장래에 대해 걱정할 필요는 없으며 외국인들은 미국에 계속 투자해도 문제가 없다는 것이다.

미국은 중국에 연간 1,100억 달러 상당의 수출을 하여 중국은 미국의 두 번째로 큰 시장이다. 미국 정부의 채무는 미국인이 보유하든 중국이 보유하든 채무는 채무일 뿐이다. 이런 국가채무에 대해 미국정부가 지불하는 이자지출은 정부예산 중에서 가장 큰 항목이다. 이렇게 미국정부가 지불하는 이자지출은 개인에게 지불되든 기관에 지불되든 곧바로 미국경제를 돕는 역할을 하고 있다고 볼 수 있다. 따라서 미국의 국가채무 누적과 늘어나는 이자지불을 부정적인 요소로 간주할 것이 아니라 긍정적인 시각으로 바라봐야 한다는 것이다. 일반소비자들은 소득원이 이자로부터 오든 임금으로부터 오든 결국 소비지출로 쓰이게 된다. **미국 경제의 80%는 국내소비지출에 의하여 좌우되고 있다. 그 만큼 미국인들의 내수 구매력이 크다는 것을 의미한다. 다시 말해서 미국경제는 국내흡수의 힘이 큰 슈퍼국가라는 것을 의미한다.** 미국의 소비자들은 상품이건 이자 돈이건 밖에서 수입한대로 소비되는 한, 소비 지출되는 수요 구매는 파급효과의 확산과정을 거치면서 사용액수의 몇 배가 되는 승수효과적인 경제적 팽창효과를 낸다. 미국경제의 팽창적인 활성화는 곧 바로 다른 해외국가들의 경제 활성화로 이어진다.

미국의 재정적자와 경상수지 적자 덕분에 외국인들은 미국 부동산과 자산을 보유하고 있다. 그러나 부동산, 국채 등 미국의 자산을 소유한 외국인들이 대거 판매할 수 없다. 만약 대량으로 매각 한다면 자기들의 보유 자산가치가 급락할 수 있기 때문이다. 이 때문에 외국인들은 함부로 매도를 하는 것도 쉽지 않다. 부동산에 투자한 외국인들은 자신들이 소유한 부동산을 갖고 미국 밖으로 나갈 수도 없다. 이래서 미국에 투자를 한 돈은 어떤 형태로든지 미국 땅에 자리 잡고 미국경제를 돕게 돼 있다. 결론적으로 정리하면 **미국은 늘어나는 국가채무와 이자지출 및 재정적자와 경상수지 적자 문제를 안고 있지만 앞으로 미국경제가 상황에 따라 등락 변동을 보일 것이다. 그러나 개인이 파산하듯 미국이 무너지는 일은 결코 없을 것이라고 단언한다. 바로 이점이 다른 어느 국가와도 대체할 수 없는 미국 국가만이 갖는 슈퍼국가로서의 힘을 갖고 있다고 볼 수 있다.**

미국과 유럽의 재정위기와 국채금리 급등 : 미, 유럽은 서로 다른 성격의 재정위기를 겪고 있다. 하지만 두 지역에서의 국채 금리는 나란히 올랐다. 의회와 정부 사이에 부채 협상이 난항을 보이는 미국의 경우, 장기채 금리가 큰 폭으로 올랐고 유럽의 경우, 그리스 등 재정위기국가의 불안감이 가시지 않으면서 국채금리가 급등하였다. '트리플A(AAA)'인 미국의 국가신용 등급이 강등될 것이란 우려까지 나돌면서 유럽 국채 시장도 빈번히 흔들렸다. 스페인과 이탈리아 국채금리가 치솟았다. 이탈리아는 국채 금리가 오르자 국채 입찰을 보류하기도 했다. 유럽연합(EU) 지도자들이 그리스 문제를 해결할 수 있을지에 대한 의구심도 끊이지 않고 있다[이데일리, 2011. 7.26].

국가채무에 대한 미국 의회와 정부 간의 줄다리기 협상이 미국 경제는 물론 세계경제에 커다란 파장을 불러오고 있다. 미국이 8월2일까지 채무한도를 높이지 못해 디폴트 된다 해도 이는 일시적인 사건에 그칠 것이다. 왜냐하면 미국 정치권이 협상 속도를 높여 채무한도를 높이기만 하면 디폴트에서 벗어날 수 있기 때문이다. 이런 이유 때문에 미국의 디폴트 문제보다는 미국의 신용등급 강등이 미국경제와 해외경제에 미치는 파장이 더 심각한 문제이다. 만약 미국의 신용등급이 트리플A에서 더블A로 낮아지면 어떤 일이 벌어질까. 이에 대해 3가지 시나리오를 거론하고 있다[월스트리트 저널(WSJ)의 칼럼니스트 데이비드 웨셀].

전 세계 헤드라인을 장식하는 뉴스는 되겠지만 실질적인 영향은 미미할 것이라는 시나리오다. 다음 시나리오는 신용등급 강등으로 미국 국채수익률이 치솟으며 글로벌 금융시장이 패닉에 빠지는 아마겟돈 같은 대혼란이 벌어질 수 있는 상황이다. 마지막 시나리오는 단기적으로 큰 충격이 없겠지만 미국의 쇠락을 예고하며 중장기적으로 경제의 펀더멘탈에 지속적으로 부정적 영향을 미치는 상황이다. 다음은 앞에서 소개한 세 가지 시나리오에 따라 한국경제와 세계경제에 미치는 파장을 생각해 볼 수 있을 것이다. 일단 미국의 국채 신용등급이 AAA에서 AA로 낮아져도 금융 산업에 미치는 단기적인 영향은 크지 않을 것이다. AAA 채권만 보유해야 한다는 엄격한 규정을 가진 금융회사는 거의 없기 때문에 미국의 신용등급이 낮아져도 미국 국채를 급격히 줄어들지 않을 것이다. 금융회사들이 미국 국채를 담보로 단기 자금을 빌리는 환매조건부 채권(Repo, 레포) 시장도 크게 동요하지 않을 것이다. 우선 6840억 달러 규모의 미국 단기 국채를 보유하고 있는 머니마켓펀드(MMF) 관련 협회는 미국 신용등급이 낮아져도 미국 국채를 매도하거나 매수를 중단하지 않겠다는 입장을 밝혔기 때문이다.

미국 생명보험협회도 미국 국채 신용등급이 떨어져도 생보사들이 보유하고 있는 국채를 매도하지 않을 것이라고 발표했다. 미국 국채 등급이 떨어지면 손실에 대비해 적립해야 하는 충당금이 늘어날 수 있지만 그 규모도 크지 않을 것이다. 미국 은행들 역시 현재 규정상 미국 국채 등급이 떨어져도 미국 국채 보유에 따른 손실 적립액 규모가 크게 늘어나진 않는다. 미국 연준 이사회(FRB)는 당연히 등급이 떨어졌다 해도 미국 국채를 담보로 은행들에 자금을 빌려줄 것이다. 미국 국채 최대 보유국인 중국 역시 장기적으로 달러 표시 자산을 서서히 줄여나갈 수는 있어도 당장 미국 국채를 팔아치울 수 있는 형편이 아니다. 오히려 위안화 절상을 방어하고 외환보유액의 급격한 가치 절하를 막기 위해서라도 달러 표시 자산의 가치가 유지되도록 힘써야 하는 것이 중국의 처지이기 때문이다[머니투데이, 2011.7.28.]. 한마디로 국내외 기관투자가들과 국가들이 보유 미국 국채를 대량 팔아치우지 않을 것이란 판단이다. 따라서 미국 국가신용등급이 떨어져도 그의 파급 영향은 제한적인 수준에 그칠 것이란 전망이다. 그러나 일시적인 쇼크는 상당히 클 것으로 사료된다.

미국 국채수익률 : 미국의 신용등급이 한 단계 낮아지면 10년물 국채수익률이 당장 0.05~0.10%포인트 올라간다. 장기적으로는 0.6~0.7%포인트까지 치솟을 것으로 예상한다. **미국 10년물 국채수익률이 0.1%포인트 오르면 늘어난 이자비용으로 향후 10년간 미국 정부의 재정적자가 4350억 달러 증가하게 된다. 이를 고려하면 국채수익률 상승폭은 상당히 부담스러운 수준이 될 것이다. 반면 대내외적으로는 큰 의미가 없을 것으로 예상하고 있다.** 미국 국채 투매가 없을 것이며 국채수익률이 크게 오르지 않을 것이란 예상도 있다. 전 세계에 유통되는 전체 트리플A 등급 채권 가운데 미국 국채와 미국 정부가 보증하는 주택담보대출(모기지) 증권이 차지하는 비중이 53%로 절반이 넘는다. 미국 국채가 너무나 보편적으로 보유되고 있기 때문에 다들 팔겠다고 나서면 가격만 폭락할 뿐 팔 상대도 찾기 어렵다. 이런 현실을 알고 있기 때문에 미국의 신용등급이 낮아져도 미국 국채 매도 움직임은 제한적일 것이란 전망이다. 최근 미국의 10년물 국채수익률이 3% 안팎에서 안정적인 흐름을 유지하는 것도 이 때문이다. 대표적인 사례분석을 보면 1998년에 무디스가 일본 신용등급을 강등한 후 국채수익률는 신용등급 하락보다는 거시 경제적 여건이 자산 가격 움직임을 결정한 것으로 나타났다. 실제로 트리플A 등급의 호주의 10년물 국채수익률은 4.9%인데 더블A인 일본의 10년물 국채수익률은 1.1%에 불과하다. **국채수익률조차 신용등급이 아니라 해당 국가의 금리와 경제 수준에 따라 결정된다.** 이런 현실을 종합할 때 미국의 신용등급이 강등돼도 글로벌 금융시장에 미치는

엄청난 규모의 즉각적인 패닉이 나타날 가능성은 낮다. 그러나 당장 큰 쇼크는 일어나지 않겠지만 장기적으로 미국 경제의 쇠락으로 이어질 가능성이 높다. 무위험 자산이라는 미국 국채가 트리플A가 아니라 더블A인 상황이 장기화할 때 당장 이러날 현상을 예상하기는 어렵다. 미국과 글로벌 금융시스템이 장기적으로 미국 신용등급 더블A 체제에 반응할지 정확히 알 수는 없다. 더블A의 무위험 자산에 적응할 것인지, 미국 국채가 무위험 자산의 지위를 잃어버리고 구조적 변화가 야기될지 지켜봐야 할 것 같다. 일각에서는 미국의 신용등급 강등이 장기적으로 호재라는 관측도 없지 않다. 지속가능하지 않는 미국 정부의 헤픈 씀씀이를 줄여야 한다는 경각심이 미국 내에서 고조되며 미국의 재정구조 개선이 현실화할 수도 있다[머니투데이, 2011.7.28].

불안한 미국의 국가신용등급 : 미국 신용등급 강등이 몰고 온 글로벌 경제 불안이 확산되면서 달러에 대한 불신이 점점 커지고 있다. 당장 중국, 일본, 한국은 금융시장 안정을 위해 미 국채 매입을 유지하는 등 달러에 대한 지지를 보내고 있지만 미국 국채의 안정성에 의문이 제기되면서 달러 = 기축통화라는 등식이 흔들릴 가능성이 높아졌다. 기축통화는 과거엔 영국의 파운드화가 역할을 담당했고 제2차 대전 이후부턴 미국 달러가 그 자리를 이어받았다. 그 동안 **미국 달러는 기축통화로서 세계경제에 원활히 유통될 수 있도록 풍부한 유동성을 공급할 수 있었고 믿고 사용할 수 있는 가치를 유지해 왔다.**

기축통화는 경제력 뿐 아니라 정치력, 군사력까지 뒤받쳐 주었다. 이론상으로 **기축통화 국가는 외환위기에 직면할 위험이 없다.** 기축통화 국가는 시뇨리지[2)]효과를 누린다. 즉 미국이 100억 달러를 찍어내 이를 외국상품 수입에 쓸 경우 화폐 발행 비용에 해당하는 푼돈으로 100억 달러 가치의 실물 상품을 얻게 되는 효과이다. 이 번 사태로 미국 달러화가 다시 기축통화로서의 지위에 대한 도전받고 있다. 그 이유는 미국의 경제력의 약화때문이다. **미국은 경상수지 적자와 재정 적자 등 쌍둥이 적자에 시달려 왔다.** 2008년 글로벌 위기 때에는 정부 돈을 대량으로 퍼붓는 경기 부양책을 실시했다. 그 결과 2003~2009년 국내 총생산(GDP)의 1~4% 수준이던 재정적자는 2009년 10%, 2010년 8.9%로 치솟았다. 이는 국가 부도 위기를 맞은 그리스(8.3%) 보다 높다. 또 재정적자 규모도 2008년 4586억 달러에서 2009년 1조4127억 달러로 3배 이상 불어났고, 올해도 1조4000억 원 이상 적자가 예상되고 있다. **미국은 불어나는 재정적자를 달러 표시 국채를 발행해 메워왔다. 그 국채 소화는 중국, 일본, 한국 등 주로 아시아 국가들이 해 왔다.** 미국의 국채 발행 잔액은 2008년 말 10조247억 달러였지만, 지난 2월 현재 14조252억 달러로 40% 급증했다. 미국이 맘 놓고 국채를 발행하는 데는 기축통화국가라는 자신감과 미국 국채만은 안전할 것이라고 생각한 배경이 자리 잡고 있다. 세계 각국은 달러를 싸 들고 와서 미국 국채를 매입했다. 아시아가 가장 열심

2) 화폐 주조 차익. 화폐의 액면가에서 제조비용을 뺀 이익

히 사들였다.

S&P는 미국의 국가신용등급을 최고 수준인 AAA에서 한 단계 아래인 AA+로 낮췄다. 이는 더 이상 달러화나 미국의 국채가 더 이상 안전자산이 아니라는 것을 보여주는 보기 드문 조치였다. 현 시점에서 각국은 금융시장 혼란을 줄이기 위해 미국 국채 매입을 유지하겠다고 밝혔지만, 앞으로도 이 같은 흐름이 계속 이어질지는 장담할 수 없다. 그렇다고 **현 시점에서 당장 달러화=기축통화의 등식이 바뀔 가능성은 낮다. 달러화의 기축통화 역할을 대신할 수 있는 마땅한 대안 통화도 아직 없기 때문이다.** 하지만 대안 모색을 위한 목소리는 커질 것은 확실하다. 무엇보다 미 국채를 많이 보유한 일본, 중국, 한국을 비롯한 신흥국들이 이번 등급 조정으로 막대한 손실을 봤기 때문이다.

중국이 그 선봉에 나설 것이다. 중국은 위안화 국제화 프로그램을 통해 달러 패권에 도전할 채비를 꾸준히 갖춰왔다. 한편 오래 전부터 새 기축통화로 국제통화기금(IMF)의 특별인출권(SDR) 역할을 확대하자는 제안도 해왔다. 그러나 이 제안에 대해 국제 사회는 회의적 시각이 많다. SDR이 그만한 기능을 할 수 있을 만큼 IMF가 막강한 힘과 조직을 갖고 있지 않고 기금 규모도 충분치 않다는 것이 그 근거다. 하지만 이번 사태로 또 다시 대안 통화를 찾을 수밖에 없게 됐다. 이번 상황이 보여주듯이 달러화, 유로화 가치의 동반 하락은 피할 수 없다는 점에서 새 기축통화 = SDR 제안이 다른 길이 없는 한 재조명 받을 공산이 커졌다. 러시아는 루블화의 기축통화 가능성을 제기하면서 달러화 흔들기에 나섰다. 러시아는 달러가 아닌 다른 기축 통화가 나타나야 한다고 목소리를 높이고 있다. 루블이 지역 단위에서의 기축통화가 될 수 있으며 이는 충분히 가능한 일이라고 강조하고 있다. 루블은 중국 위안화와 달리 매우 안정적이고 신뢰할 수 있으며 자유롭게 교환할 수 있는 통화라며 치켜세우고 있다. 우리는 2009년 금융위기 기간에도 자본 유출을 제한하지 않았으며 이 때문에 외환 보유 수준이 상당히 떨어졌지만 우리에겐 평판이 더 중요했다고 자랑한다. 올해 G20 의장국인 프랑스도 오래전부터 기축통화 재편을 강조해 왔다[이데일리, 2011.810].

3. 미국 달러화와 금

리차드 닉슨 미국 대통령은 1971년 8월 달러화의 금본위제 탈퇴를 선언했다. 1944년 브레튼우즈 체제 도입으로 미국 달러화는 1트로이 온스 당 35달러에 고정돼 있었다. 미국은 1년 뒤인 1972년 8월 온스 당 38달러로 달러화를 평가 절하했다. 1973년 주요국들이 금본위제를 탈퇴하고 변동 환율 제도를 채택한 이후 1973년 5월 달러화는 다시 온스 당 42.22달러로 평가 절하됐다. **1980년 1월 금값은 온스 당 사상 최고인 850달러로 치솟았다.** 이는 초고유가에 따른 인플레이션과 옛 소련의 아프가니스탄 개입, 이란 혁명으로 투자자들의 금수요 급증이 주원인이었다. 1990년대 금값은 등락을 거듭했다. **1999년 8월 금값은 최저인 온스 당 251.70달러로 급락했다.** 이는 중앙은행이 금 보유량을 줄이고, 금광업체들이 가격하락에 따른 손실을 줄이기 위해 선물시장에서 금을 팔 것이라는 우려가 그 원인이었다. 그러나 두 달 만에 금값은 다시 338달러로 폭등했다. 2년 반 사이 최고치였다. 이는 유럽의 중앙은행들이 금 판매량을 제한 한다는 협정 합의 때문이었다. 이후 시장심리는 금값이 오를 것이란 쪽으로 움직이기 시작했다.

2003년 2월 금은 이라크 전에 따른 안전자산 선호로 4년 만에 최고치로 올랐다. 2003년 12월에서 2004년 1월 사이에 금값은 400달러를 돌파했다. 이는 1988년 마지막 거래가 이었다. 투자자들은 리스크 회피 수단으로 금을 사들이기 시작했다. 마침내 2005년 11월 금 현물은 500달러를 깼다. 이는 금현물이 502.97달러를 기록한 1987년 12월 처음이었다. 금값은 계속 올랐다. 2006년 4월11일 금값은 마침내 온스당 600달러를 돌파했다. 이는 1980년 12월 이후 최고가였다. 이는 투자와 펀드들이 달러약세, 고유가, 지정학적 우려에서 원자재를 사들이기 시작한 결과였다. 덩달아 금값도 온스 당 730달러를 뛰었다. 이번에는 달러약세도 작용했지만 이란의 핵 군비 확장 야심에 따른 정치적 긴장이 원인을 제공했다. 물론 조정도 있었다. 그해 6월14일 금값은 26% 하락한 534달러로 내려앉았다. 하지만 금 현물시세는 요지부동이었다. **2007년 11월7일 금 현물은 28년 사이에 온스 당 845.40달러라는 최고가를 기록했고 이듬해 1월 2일에는 850달러 벽을 깼다. 2008년 3월13일 미국 선물시장에서 기준 계약거래가 마침내 1000달러를 돌파했다.** 금 현물은 선물가격이 1033.90달러를 기록한 2008년3월17일 1030.80달러를 나타냈다. 그해 9월17일에는 금값이 일일 상승폭으로는 가장 큰 온스 당 약 90달러가 오르는 기염을 토했다. 투자자들이 안전자산을 선호한 결과였다.

금ETF(상장지수펀드) 도입은 금값이 더 뛰는 기폭제가 됐다. 2009년 1월부터 3월 사이 금 ETF가 도입된 이후 자금이 금시장으로 많이 유입됐다. 안전자산인 금을 매입하기 위한 투자자금이었다. SPDR골드트러스트의 금 보유량은 무려 45% 증가한 1127.44t에 이르렀다. 그해 2월20일 금값은 다시 온스 당 1000달러를 돌파해 1005.40달러를 기록했다. 주요 경제가 침체국면에 빠지고 주식시장이 요동치면서 금이 안전자산으로 간주돼 자금이 몰린 결과였다. 4월24일에는 중국이 상승 호재를 제공했다. 중국은 이날 금 보유량을 2003년 이후 4분의 3을 늘려 1054t보유하고 있다고 발표했다. 이 발표는 바로 시장에 중국이 추가보유량을 늘릴 것이라는 기대심리를 낳았고 가격상승을 부채질했다. 이렇게 되자 유럽의 중앙은행들은 5년 동안, 한해에 금 판매량을 400t으로 제한한다는 과거협정을 갱신했다. 그렇지만 금 상승세는 막지 못했다. 그해 9월 8일 금값은 달러약세에다 경제회복의 지속가능성에 대한 우려로 다시 온스 당 1000달러를 돌파했다, 달러약세는 계속 금값 상승을 부추겼고 12월1일에는 사상 처음으로 온스 당 1200달러를 뚫고 올랐다. 이틀 뒤 12월3일에는 온스 당 1126.10달러까지 올랐다. 달러 약세와 중앙은행들이 달러로 보유고를 다양화할 것이라는 소식이 원인이었다.

2010년은 달러 약세와 유럽 부채위기 전염우려가 금값 상승을 지속시켰다. 5월11일 유럽 부채위기 전염우려에 따른 안전자산 선호로 온스 당 1226.10달러를 기록한 금값은 6월21일 새로운 기록인 1264.90

달러로 올랐고 9월14일에는 1274.75달러로 다시 올랐다. 이번에는 세계 경제 전망에 대한 불확실성이 반영됐다. 9월에는 5거래일 연속 오르는 장을 연출했다. 미국 중앙은행인 연방준비제도이사회(FRB)가 통화량 확대정책인 추가 양적완화를 검토한다는 시그널을 보내면서 인플레이션 우려를 높아지자 달러가 약세로 돌아서고 금에 투자자들이 몰려들기 시작했다. 16일부터 22일까지 금은 계속 올라 온스 당 1296.10달러로 꼭지 점을 찍었다. 9월27일 현물시장에서 금은 온스 당 1300달러를 사상 처음으로 기록했다. **FRB의 추가양적완화 정책이 달러 약세를 가져올 것이라는 시장의 압력이 커지면서 금값은 랠리를 계속해 10월7일 온스 당 1360달러를 돌파하고, 13일에는 1375달러까지 치솟았다.** 공개시장위원회(FOMC) 의사록이 미국에 추가경기부양책이 필요하다고 시사한 것이 한몫을 했다. 11월8일에는 금값은 아일랜드 재정위기로 안전자산 사재기가 초래되면서 온스 당 1400달러를 돌파했고, 12월7일에는 새로운 기록인 1425달러 이상으로 올랐다. 연말 사전매입과 유럽 재정위기, 미국의 추가양적완화 가능성이 합친 결과였다.

2011년 1월 금값은 6%이상 하락하는 조정을 받았다. 이는 고수익 자산에 대한 투자다변화 욕구가 되살아났기 때문이었다. 그러나 튀니지에서 시작한 '재스민 혁명'은 이집트에 이어 북아프리카 전역으로 번지면서 3월1일 유가를 끌어올리고 금값을 다시 1434.65달러로 올려놓았다. 3월7일 금값과 유가는 다시 기록을 갈아 치웠다. 사우디아라비아에서 시위가 진압됐지만 리비아에서 격화되자 금값은 1444.404달러로 올랐고 유가는 2년 반 사이 최고치를 경신했다. 3월24일 포르투갈 총리가 사임을 발표 했지만 이것은 유로 존의 위기를 무대전면으로 부각시켰다. 그 결과 금값은 다시 온스 당 1447달러까지 상승했다. 중동 불안이 계속되고 안전자산 선호심리가 확산되는 가운데 유럽중앙은행이 금리인상 기대심리에 회의적인 반응을 보인 4월7일 금값은 또 올라 1465달러를 기록했다. 7월 중반 이후 금값은 온스 당 1600달러 고지를 달려가는 형국이다. **유로 존 재정위기의 악화 우려와 미국의 추가 양적완화를 검토할 필요가 있다는 FOMC 의사록 공개로 금값은 온스 당 1600달러를 넘나들었다.** 세계 금 수요가 2010년 1분기 이후 최저를 기록했다. 양대 금 수요국인 중국과 인도의 금 수요가 줄어든 탓이다. 작년 9월 온스당 1920.30달러까지 치솟았던 금값도 1600달러로 17%나 미끄러졌다. 한편 각국 중앙은행이 금 매입을 늘리고 있어 장기적으로는 금 수요가 늘어나고 금값이 반등할 것으로 전망한다. 각국의 경기부양으로 인플레이션(물가 상승) 조짐이 보이면 이를 회피하기 위한 금 투자가 증가할 수도 있다[파이낸셜타임스].

세계금위원회(WGC)는 올 2분기 세계 금 수요가 990으로 전년 동기 대비 7% 감소했다고 발표했다. 금 수요가 감소한 주된 이유는 전세계 금 수요의 절반가량(45%)을 차지하는 인도와 중국의 수요가 부진했던 탓이다. 금 수요 1위국인 인도는 4~6월 181.3을 사들여 전년 동기 대비 25% 감소했다. 중국도 같은 기간 7% 감소한 144.9를 사들이는 데 그쳤다. 인도와 중국의 경제성장률 둔화로 금 수요가 감소한 탓이다. 최근 1년간 인도 루피화 가치가 달러 대비 25%가량 떨어지면서 인도의 구매력이 감소한 것도 한 이유다. 투자 목적의 금 수요가 23% 줄어들어 감소폭이 가장 컸다.

그러나 억만장자인 조지 소로스와 유명 헤지펀드는 금 투자를 늘렸다. 세계 최대 금 상장지수펀드(ETF)인 'SPDR 골드트러스트'는 보유주식을 2분기에 2180만주로 늘렸다. 전 분기 대비 26% 증가한 것이다. 작년 1분기 해당 자산을 대부분 처분했던 소로스도 1분기 31만주였던 보유주식을 88만주로 2배 이상 늘리며 금값 상승에 베팅했다. 금값이 글로벌 투자업계 '큰손'들의 예측과 반대로 움직이고 있는 것은 투자환경이 예상과 다른 모습을 보이고 있기 때문이다. "정부 지출이 늘면 물가상승률이 높아지고, 금값도 오를 것"이다. 하지만 경기침체로 물가가 안정세를 나타내면 인플레이션 헤지를 위한 금 투자의 장점이 희석될 것이다. 미국의 3차 양적완화가 이행되지 않는 등 기대했던 경기 부양책도 나오지 않고 있다. 금값 상승은 정부 정책이 예상대로 움직이지 않을 경우 빗나갈 수 있다. 세계 투자자들의 성향이 안전자산에서 위험자산 중심으로 바뀌고 있는 것도 금값 하락의 이유였다. 그러나 금값이 장기적으로는 반등할 것으로 본다. 무엇보다 보유 자산 다변화를 위한 각국 중앙은행들의 금 매수 수요가 늘고 있다. 지난 2분기 세계 중앙은행의 금 매수는 157t으로 전년 동기 대비 2배 이상 늘었다. 중국 인민은행은 5000~6000t을 거듭 매입

의사를 밝히고 있다. 중국은 세계 최대 금광업체 배릭골드의 아프리카 사업부문 지분 74% 인수를 추진하고 있다. 유럽 재정위기 추이에 따라 안전자산 선호 현상도 다시 불붙을 수 있다. 다른 지역의 금 수요가 줄어드는 와중에도 위기가 한창인 유럽에서는 수요가 전년 동기 대비 11% 증가한 게 단적인 예다[한국경제, 노경목 기자, 2012.8.18.].

세계경제는 **글로벌 경제위기 속에서도 달러화 강세가 출현하였다. 2008~2009년 전 세계경제를 휘몰아친 금융위기의 진원지는 미국이다. 세계경제를 뒤흔든 원천도 미국경제의 극심한 불안정에서 왔다. 이러한 사정에도 불구하고 달러화 가치가 나 홀로 올라가는 역설적인 현상이 벌어졌다. 기축통화로서의 달러 지위가 흔들리는 것을 무색케 하였다. 달러화의 강세 현상은 세계적인 달러수요의 급증이 주범이었다. 미국 국채를 사들이기 위해 너도나도 몰려든 것이다.** 사실상 제로 금리수준인 미국 국채가 불티나게 팔려나간 것은 달러화 표시 현금성 자산이외 다른 안전자산이 마땅치 않는 현실이 주요 배경이다. 달러화의 강세 현상은 세계적이었다. 미국 등의 글로벌 금융사들이 전 세계에 투자된 자산을 회수하면서 세계 외환시장에서 유통되는 달러 양이 확 줄어들었다. 선진국들이 경쟁적으로 달러화를 회수하면서 개발도상국과 후진국은 달러부족이 허덕였고 달러 이동을 막고 자금경색 현상이 심화됐다. 달러를 대체할 안전자산인 유로·엔 등 주요 선진국 통화들도 맥을 추지 못했다. 달러는 마음대로 전 세계를 휘저으며 가치 변동을 일으키는 지렛대 역할을 하고 있다. 그

누구도 미국경제의 불안정을 잠재울 수 있는 슈퍼국가가 나타나지 않는 한 그리고 세계 각국이 속 시원한 대안이 없는 한, 달러의 독주는 계속될 것 같다. 달러 강세가 꺽 이는 순간은 미국경제가 건전하지 못하다는 신호가 올 때까지 지속될 것 같다[중앙일보, 2009.3.3.].

2011년 9월 21일 불안정한 국제 금 가격이 다시 상승했다. 이는 미 연준FRB이 추가 경기부양책 논의의 시작에 따른 것이다. 20일 금값은 온스 당 1809.10달러에 거래됐다. 지난 19일 달러화의 강세로 3주 만에 가장 낮은 수준까지 떨어졌지만 하루 만에 하락 분을 만회했다. 이날 금 가격은 FRB가 추가 경기부양책을 내놓을 것이라는 기대감이 작용했다. 추가 양적완화책이 시행되면 시장에 풀린 풍부한 유동성으로 달러화가 약세를 보이고 금값이 상승할 가능성이 크기 때문이다. 유로 존 재정위기에 대한 우려가 증폭되고 있는 것도 금값 상승을 이끌고 있다. 이날 S&P는 이탈리아의 신용등급을 강등했다. 이탈리아가 국채 수익률의 고공 행진했다[한국경제신문, 2011.9.21].

유럽 각국 중앙은행들이 20여 년 만에 금 순매입에 나섰다. 과거 달러와 국채 등 전통적 안전자산 매입에 치중했던 유럽 중앙은행들이 자산을 다양화하고 있는 것이다. 유럽 중앙은행들이 금을 순매입한 것은 지난 1985년 이후 처음이다. 1999년 유로존[3] 출범 이후 유럽 중앙은행들은 매년 400t에 달하는 금을 팔아 주로 국채를 사들여 왔

3) 유로화 사용 17개국

다. 미국의 재정 및 통화정책에 따른 부정적 영향이 유럽 각국의 자산 다양화에 동기를 부여하고 있다. 미국이 3차 양적완화에 나서면 금 매도의 매력은 더 떨어질 수 있다. 유럽의 대표적 재정 불량국들의 경우 금을 팔아서라도 부채를 줄여야 한다는 주장과 이는 오히려 시장의 우려만 키울 수 있다는 주장이 맞서고 있다. 한편 유럽 중앙은행들뿐만 아니라 한국, 멕시코, 러시아, 태국 등 전 세계 상당수 국가가 달러 자산 비중을 줄이는 대신 금 매입을 늘리고 있다. 이는 올들어 금값이 25% 폭등하는 원인이 됐다. 이달 초 금값은 온스당 1920달러를 찍어 사상 최고가를 경신하기도 했다. 금이 돈과 같이 간주되는 시대로 되돌아가고 있다. 이는 1990년대 목격됐던 현상과는 완전히 반대되는 것이다[이데일리, 2011.9.19].

금값이 2011년 내 온스 당 2000달러 선을 돌파할 것이라는 전망이다. 이 예상이 현실화되면 올해에만 41% 가격이 오른다. 지난 1979년 연 127% 상승을 기록한 것 이후 최고 기록이다. 미국 · 유럽 부채문제로 세계 각국 중앙은행들이 금 매입을 늘리고 있는데다 달러, 유로 등 기축통화의 안정성 · 신뢰도도 크게 낮아진 것이 금값 상승세의 이유다. 게다가 중국 · 인도 등 신흥국에서는 인플레 헤지 수단으로 금 수요가 늘어나는 것도 상승세에 한몫하고 있다. 앞으로 일 년 내에 금값이 온스 당 2000달러에서 2500달러나 심지어 6천 달러 이상까지 올라갈 것으로 보고 있다. 최근 금값의 변동성이 커졌지만 다시 오를 수 있는 충분한 동력이 깔려 있으며 금융시장 불안에 따른 금 투자

수요로 2011년 말까지 온스 당 2000달러를 넘을 것으로 본다.

미국 재무부 채권은 개인으로 치면 수표에 해당한다. 언젠가는 갚아야 할 국가 빚이다. 하지만 미국은 별 걱정할 필요가 없다. 달러가 금의 역할을 대신하는 준비통화 기능을 하기 때문이다. 그래서 달러를 찍어내기만 하면 된다. 미국은 공짜로 세계의 부를 빨아들여 자국 경제를 위해 마음껏 혜택을 누리고 있다. 미국은 다른 나라의 부를 빨아들여 부채를 지탱하는 나라이지만, 자국 채권을 보유한 나라에 대해선 엄격한 화폐정책을 준수하고 부채를 양심적으로 상환하라고 강요한다. 미국이 부려먹는 국제기관이 국제통화기금(IMF)이다. 한 나라라도 채무불이행이 일어나면 전 세계 통화시스템이 위기를 맞을까 봐 혹독하게 다룬다. 한국이 외환위기 때 당한 것이 가장 대표적인 사례에 속한다. 지금 한국의 어려움도 그 연장선에 있었다. 반기를 들었다가는 된 서리를 맞는다. 석유수출국기구 회원국들이 달러 외의 통화로 거래를 시도하다가 미국의 군사적 보호를 받는 사우디아라비아와 쿠웨이트의 강력한 저항에 번번이 실패했다. 사담 후세인이 2000년에 과감히 달러를 유로로 바꾸려고 노력했고, 이듬해 이란이 동참했다. 그 직후 미국의 침공이 있었다. 후세인의 결정이 미국의 침공 결정에 얼마나 반영됐는지 알 길이 없지만, 그와 비슷한 노력을 하려는 나라들 사이에 공포가 널리 퍼지게 되었다.

달러화는 금과 긴밀한 관계 속에서 가치변동을 가져왔다. **금 가격**

은 특히 미국과 세계경제에 위기가 찾아오면 항상 상승했다. 달러 유동성 과잉 현상으로 상품 시장에 거품이 발생하면, 안전 자산인 금 선호 현상이 지배한다. 과거 역사를 보면 원유 등 원자재 가격 급등하면서 달러화 가치가 폭락했고 동시에 금값이 상승하는 현상을 보였다. 현재 지상에 있는 16만t의 금 가운데 약 12% 만이 산업용도로 사용되고, 나머지는 대부분 은 귀금속과 투자 수단으로 활용되고 있다. 이 때문에 금은 경제위기의 면역지대로 인식돼 왔고, 그 가치가 다른 상품들과 다른 방향으로 움직이는 속성을 지녀왔다. 미국의 금융 불안이 세계금융을 위협했을 때 달러 가치가 폭락했고 금값이 폭등했다. 그 대표적인 사례를 들면 다음과 같다. 2008년 3월 베어스턴스가 무너진 직후 금값은 사상 처음으로 온스 당 1천 달러를 돌파했다. 2008년 9월 리먼 브러더스 파산보호 신청 직후에도 금값은 900달러 이상, 고공을 달렸다. 그러나 2008년 10월 미국 발 금융위기로 전 세계금융이 공황 직전으로 내몰리고 있는데도 금값은 떨어지고 달러 값은 오르는 모습을 보였다. 실물 경제가 침체에 빠져들었지만, 금은 최저치를 향해 곤두박질쳤다. 유가나 구리와 같은 다른 상품들도 마찬가지로 하락 했다. 금값 하락의 가장 큰 이유는 달러화의 강세 때문이었다. 금은 달러와 정반대 방향으로 움직이는 속성 때문에 달러화 대체 투자수단으로서의 금의 매력이 떨어진 것이다.

미국보다 유럽경기가 더 어두워 신용위기 회복이 늦어질 것이라는 전망이 유로화 가치를 떨어뜨리며 금 값 하락을 부추겼다. 여기에 최근 펀드들이 붕괴되면서 증거금 부족을 메우기 위해 현금 마련이 급해진 부호들이 금 선물 계약을 내다 파는 상황이 금 값 폭락을 부채질했다. 또한 이머징 마켓의 금 수요가 이들 시장의 통화 약세로 억제되고 있는 것도 금 값 하락의 한 요인이었다. 경기 불황에 믿을 건 금이라는 인식도 깨졌다. 그러나 이런 공식도 글로벌 신용경색 속에 깨지는 것은 잠시였다. 전 세계 투자자들이 금을 포함해 모든 자산을 팔자고 나서면서 금값 하락이 이어졌지만 미국 금융권이 불완전 속에 숨통을 트고 경기불황을 저지하기 위해 막대한 재정이 투입된 이후 다시 달러 가치의 상승세가 멈춘 양상이다. **2009년 5월 초 온스 당 900달러를 돌파한 금 선물가격이 1000달러 이상 가파르게 올랐다. 인플레이션을 우려하는 분위기가 전 세계적으로 돌면서 이를 헤지 목적의 금 선호가 몰린 것이다. 금 투자로 쏠리는 7가지 원인을 들어보면 다음과 같다** : ① 외환보유액 포트폴리오 : 금은 달러화와 함께 각국 중앙은행의 외환보유액을 구성하는 핵심자산이다. 달러화 값 하락이 강화되면 금의 매력은 높아진다. ② 파생상품 : 미국 발 글로벌 금융위기의 주범은 부동산시장이 아닌 파생상품이었다. 파생상품과 관련된 은행권의 추정 손실액이 5870억 달러에 이르지만 이마저도 빙산의 일각이다. 만약 금융권 불안이 불거지면 금은 언제든지 안전자산으로써 매력적인 헤지 상품으로 등장한다. ③ 양적 완화 : 미국 연준(FRB)이 3000억 달러 규모의 장기물 국채를 매입할 경우 달러화 가치의 하락을 키우게 되므로 외환보유 포트폴리오에서 달러화를 대체하는 금의 매력을 높인다. ④ 인플레이션 : 인플레이션이 재현되면 금값 상승을 부채질한다. 특히 하이퍼 인플레이션이 예상되면 금은 강한 빛을 발산한다. 예상이 빗나가 디플레이션이 온다 해도 금 가격이 크게 떨어질 가능성은 낮다. ⑤ 재정적자 : 미국은 만성적인 재정적자에 허덕여 왔다. 미국 발 금융위기 이후 미 재정적자는 더 확대될 가능성이 더 높다. 재정적자 확대는 달러화 가치를 하락시키고 또 다른 위기를 유발한다. ⑥ 가격 수준 : 최근 금 가격이 많이 올랐지만 앞으로 기대가격이 오르리라고 예상하면 투기는 활기를 띤다. 물가 상승을 감안할 때 현재 금값은 1980년대의 절반 수준이다. 금 선물 가격은 지난해 기록한 사상 최고치 1009달러를 재 돌파 한 후 추가 상승할 것이다. ⑦ 희소가치 : 금은 원자재 상품이지만 실물이기 때문에 통화처럼 무한정 찍어낼 수 없다. 또한 금은 대체 자산이 제한적이고 수요는 꾸준히 창출되는 특성을 가지고 있다. 금은 그 어느 상품보다 희소가치가 높다. 지난해 금 수요는 7% 증가했지만 채굴은 3% 감소했다. 이러한 7가지 이유로 인해 세계 도처의 투자자들은 금 값 상승에 베팅하는 현상이 일고 있다. 금 상품시장의 일시적인 수급증감에 출렁이면 가격 변동성이 높아지므로 단기투자는 적절치 못하다.

4. 유로화의 어제와 오늘

1999년 1월 1일 **출범한 유로화가 2008년이면 탄생 10주년을 맞는다. 당시 11개국으로 시작한 유로화 도입은 역사적인 유례가 없는 최초의 실험이자 모험이었다.** 유로화는 1999년 1월 1일 은행 계좌이체 등 비현금 거래부터 시작해 2002년 동전·지폐 등 실물통화가 도입되기에 이르렀다. 출범 이듬해인 2000년 말 큰 폭의 화폐가치 하락으로 위기를 맞기도 했다. 이후 그리스, 슬로바키아, 슬로베니아, 키프로스, 몰타가 가입해 **유로 도입국은 16개국으로 늘었다. 이에 따라 유로화 사용 인구도 3억2860만 명이 됐다. 유로 통합은 단순한 화폐제도 통합을 넘어 서로 다른 경제제도와 사회문화적 배경까지 통합하는 것이었다.** 지금까지 진행된 과정은 성공적이다. 회원국들은 제 각기 다른 재정정책을 가졌고 다른 규모의 경제 구성체들이 모였지만 유럽중앙은행(ECB)의 정책적 감독 아래 인플레이션을 방어하고 자금조달을 용이하게 하며 교역을 확대하는데 크게 성공했다. 유로 존 국가의 소비자물가 상승률은 2008년까지 연평균 2%대에서 억제됐다.

국가 간 교역은 1998년 국내총생산(GDP)의 31%에서 2008년 40%로 증가했다. 그러나 영국과 스웨덴은 아직 가입하지 않고 있어 완전한 유럽통합의 완성을 이루지 못하고 있다. 유럽 연합의 회원국 경제가 무너진다면 모든 것은 물거품이 된다. 유럽 각국은 경기침체와 실업률로 몸살을 앓고 있다. 일부 국가는 미국 발 글로벌 금융위기에 은행 국영화와 경제침체 극복에 안간힘 쓰고 있다. 여기에 국제 경제의 흐름은 여전히 불안한 상태다. 따라서 국내외 여건 변화에 민감하게 변동하는 유로화는 대외쇼크마다 안정 상태를 보여주기 보다는 오히려 높은 변동성을 벗어나지 못하고 있다.

유로화는 영국 경제의 몰락에 상대적 강세를 보이거나 미국의 구제금융과 경기불황에 달러화에 대해서도 반등세를 보이지만 이 모든 상황 변화는 미국 달러가치의 변화에 따른 허약체질을 보여주고 있다. **파운드화와 유로화가 경쟁을 벌이고 있지만 두 화폐 모두 유럽 화폐끼리 벌리는 잔치이며 미국 달러가치에 쉽게 변하는 취약성을 면치 못하고 있다. 유로화가 달러화를 대체하기에는 역부족이다.** 이미 많은 금융상품이 달러를 기초로 발행되는 등 현 금융시스템은 유로화보다 달러화에 익숙하다. 한마디로 달러화를 기초로 운영되는 금융시스템이 유로화 금융시스템보다 더 발달해 있다. 이런 논리는 엔화에도 적용된다. 엔화도 배경이 되는 금융시스템이 달러화보다 약하기 때문에 기축통화 지위를 대체하기에는 무리가 있다. 중국 위안화도 세계 중심통화가 될 가능성이 당분간은 없다. 중국이 달러화를 내다

팔아 달러화 가치를 떨어뜨릴 수는 있을지라도 위안화를 기축통화로까지 끌어올리기에는 역부족이다. 위안화를 기축통화로 만들 만한 충분한 금융시스템이 확보되지 않다.

2008년 하반기 미국 발 글로벌 금융위기로 미국의 달러가 기축통화로서의 지위를 위협받았지만 유로나 엔화 또는 위안화 등이 달러를 대체할 만한 세계통화로서 전면에 압도적인 지배적인 힘을 가지고 출현하지 않는 이상 여전히 기축통화 지위를 누릴 것이다. 유로화는 내부사정보다는 미국 발 금융쇼크에 달러화에 대해 약세를 면치 못했다. 구제금융과 국제공조 등에 힘 입어 미국 금융시스템은 지탱이 되고 세계 금융안정에도 크게 기여하겠지만 미 정부의 과도한 재정채무의 급팽창은 결국 인플레이션을 가져올 것이고 달러가치는 떨어질 것이다. 2008년 미국으로 유입된 해외 자본규모는 2조 달러에 달했다. 2조 달러 해외자본은 미국의 지난해 경상적자 7300억 달러를 충당하고 나머지로 미국인들의 해외투자 소요액 1조3000억 달러를 공급하는데 충분한 규모다. 해외자본의 미국 유입은 당연히 달러가치를 지탱하는 역할을 한다.

최근 극도의 혼란 상황에서도 유일하게 오르는 달러화 가치 상승에 대해 달러 표시 금융자산에 대한 매력에 있기 보다는 세계 기축통화의 혜택에서 찾는다. 달러가 1920년대 중반 파운드화를 제치고 주도적인 통화로 부상한 이후 1930년대 다시 파운드화가 지위를 회복

했지만 세계 제2차 대전 이후 다시 달러가 지배하기 시작했다. 유로화가 1990년 이후 성공적으로 제2인자로서 기축통화로서의 자리를 잡았지만 달러가 유로에 대해 갑작스럽게 지위를 물려주진 않을 것이다. 물론 달러 지위는 언제든지 유로에 도전을 받을 것이다. 유로 표시 자본시장은 달러 표시 자본시장만큼 발달돼 있고 규모도 크기 때문이다. 하지만 유로화도 최근 유럽금융시장의 불안과 신속한 단일 처방이 없어 상처 받기는 마찬가지고 차기 대체통화로서 본격 부상할 상황도 아니다. 달러의 수명이 얼마나 길어지느냐가 관전 대상이 되고 있는 게 유로의 처지다. **20세기 후반 이후 세계통화질서체제는 유로화의 출범으로 유로-달러-엔을 기축으로 하는 삼극(tripolar)통화체제로 재편되고 있다. 특히 미국 달러화가 여전히 세계통화 역할의 중심으로 하면서 엔화와 유로화가 경쟁통화로 등장하였고 중국 위안화도 가세하고 있는 형국이다.**

엔화, 스위스 프랑화, 금 값 급등세 : 도쿄 외환시장에서 엔화 가치가 급등하고 있다. 한때 달러 당 77.80엔까지 치솟기도 했다. 그 배경은 미국 채무 상한 인상 문제를 둘러싸고 여야 간 정쟁이 계속되는 동안 외환시장에서는 달러화를 팔고 엔화나 유로화를 매입하는 움직임의 확산 때문이다. 미국 정부는 의회에 대해 조기에 채무 상한 문제를 합의해 줄 것을 요청했지만 구체적인 타협안을 내놓지 않아 최종 합의까지 다소 시간일 걸릴 것으로 예상되고 있다. 여기에 미 국채의 신용등급 하락 우려까지 제기돼 당분간 달러화 약세 국면이 이어질 것으로 본다[한국경제신문, 2011.7.26]. 세계 경기 불안이 확산되면서 대표적인 안전자산인 일본 엔화와 스위스 프랑, 금값이 연일 사상 최고치를 경신하였다. 미국의 디폴트 우려와 함께 지난 2분기 미국의 경제성장률이 전기 대비 1.8%를 기록할 것이란 시장예상을 크게 밑돌면서 향후 경기상황에 대한 불안감이 커지고 있다. 또 지난 주말 스페인의 신용등급 강등이 검토되고 있다는 소식이 전해지면서 안전자산으로 투자자금이 몰리고 있다. 지난 미국 외환시장에서 엔화 값은 장중 한 때 달러 당 76.72엔을 기록했다. 스위스 프랑 역시 달러 당 0.786스위스 프랑으로 사상 최고치를 기록했다. 이날 미국 상품거래소에서 12월 인도분 금 선물 값은 1631.20달러로 급등했다. 미국 외환시장에서 엔화나 스위스 프랑 등이 디폴트 우려에 민감하게 반응하면서 계속해서 최고 가치를 경신하고 있다[뉴스토마토, 2011.8.1]. **유럽 재정위기 우려로 안전자산 선호가 높아지고 있는 가운데 스위스 프랑 가치가 주요 통화대비 사상 최고치로 치솟고 있다. 2011년 7월 18일 스위스 프랑 가치는 유로 당 1.1374, 달러 당 80.33, 파운드 당 1.2979스위스 프랑으로 사상 최고치에 도달했다.** 유럽 재정 취약국인 이탈리아와 스페인의 국채 수익률이 유로 존 출범 이후 최고치에 달하는 등 유럽 재정위기가 갈수록 커지면서 스위스 프랑 같은 안전자산에 투자수요가 몰리고 있다. 특히 이날 유로가치 하락에 대한 헤징비용은 지난 2009년 1월 이후 최고치를 기록하면서 유럽 재정위기가 전염될지 모른다는 시장의 우려를 반영했다. 앞으로 스위스 프랑이 유로 대비 추가 절상될 것으로 예상됐다. 유럽연합(EU)은 재정위기를 실질적으로 해결하는 정책을 내 놓는 것이 아니라 시간을 벌기 위한 미봉책을 모색하고 있다. 결과적으로 유럽 문제는 세계 각국에 악영향을 미칠 것이다. 그 중 스위스 프랑도 문제가 될 것이다. 단기적으로 프랑 값이 치솟고 있지만 장기적으로 스위스로 유입되는 현금흐름에 문제를 일으킬 수 있다[파이낸셜뉴스, 2011.7.19].

5. 브레튼우즈 체제의 개혁

2008년 발생한 미국 발 글로벌 금융위기는 전 세계경제질서와 세계통화질서를 근본적으로 뒤흔드는 최악의 사태를 일으켰다. 금융위기는 1929년 공황에 버금가는 초대형 위기로 각국의 실물 및 금융경제는 물론 실물경제까지 붕괴 직전의 위협에서 극심한 혼란이 계속되었다. 1929년 당시 미국 다우지수는 34개월 동안 89% 떨어진 뒤 하락을 멈췄다. 2008년 10월 미국 발 초대형 금융위기기 터지면서 붕괴되기 시작한 다우지수는 2007년 고점에 비해 40%, 코스피지수는 38% 정도 떨어졌다. 위기의 진행 과정에서도 대공황 직전 미국은 땅과 주식에 대한 극심한 투기바람이 불었다. 전쟁 이후 경기팽창 정책과 규제완화 정책이 뒷받침되면서 다우지수는 8년간 394%나 올랐다. 유럽은 더 심했다. 독일주가는 5년 반 동안 1080%, 프랑스는 7년 동안 420% 급등했다. 이 번 금융위기는 미국 유럽의 주택투기와 금융사들의 무분별한 파생금융상품 개발이 문제를 키웠다. 금융구제 완화와 저금리정책이 위기 과정을 더욱 심화시켰다. 그러나 양자 사이에는 관리능력 면에서 커다란 차이를 가지고 있다. 각국의 중앙은행과 국제공조가 공멸을 피하기 위해 공격적으로 국제적인 대응조치에 발빠르게 나선 점이다. 전 세계가 신속한 금리 인하 공조와 최종 대부자 기능을 수행 및 적극적인 경기대응책을 강구한 점 등이다[중앙일보, 2008.10.14.].

위기 요인과 주가 회복 기간		
위기 요인		미국 다우지수 회복기간
1929년 대공황	공급과잉과 주식 부동산 투기	15년 2개월 (1929년 9월 3일; 381~1954년 11월 23일; 382)
1987년 블랙먼데이	증시과열, 인플레이션 우려, 국제공조실패	2년 (1987년 8월 25일; 2722~1989년 8월 24일; 2734)
2008년 금융공황	주택투기, 무분별한 파생금융상품개발	

자료; 블룸버그, 한국투자증권, 중앙일보, 2008.10.14

국제경제 질서의 정상화 방안서도 미국이 주도적으로 나서고 있다. 미국 발 금융위기가 국제경제 질서를 일시에 붕괴시키는 위협에 직면하면서 다시 한 번 미국의 달러화를 기축통화로 하는 세계통화 질서에 대해 여러 시각에서 논의하는 계기가 되었다. 다음은 글로벌 금융위기의 원인과 처방 및 국제통화질서에 대해 미국의 저명한 경제학자들이 미국편에 서서 논리를 펴고 있는 시각을 엿 볼 수 있다. 신 브레턴우즈 체제의 미래 모습은 기존 브레턴우즈 체제를 크게 벗어나기 어렵다. 금융시장 운영을 강화하고 현 위기를 유발한 문제점을 차단할 수 있는 여러 가지 유용한 변화 조치가 찾을 있다. 그러나 세계 금융 감독기구나 새로운 세계 통화체제에 대한 합의를 이끌어 내기는 쉽지 않다[베리 아켄그린 캘리포니아주립대학교(버클리) 교수]. 현재의 브레턴우즈 체제를 출범시키는데 사전 준비하는 데에 3년이 걸렸고 본 회의만 3주 동안이나 지속됐다. 현재 새로운 체제를 출범시키기 위한 일정 수준의 공감대도 형성되지 않았다. 이처럼 여러 난관이 가로막고 있어 새로운 세계 통화체제에 대한 합의를 도출하는 것이 쉽지 않을 것이다.

국제금융체제와 관련해 먼저 글로벌 금융시장에 대한 규제를 강화하는 것이 급선무다. 차익거래에 대한 단속을 강화하고 필요한 자금을 공급해야 한다. 크레딧 디폴트 스왑과 다른 파생상품 거래를 조직화된 거래로 유도하기 위해 세금과 규율을 사용해야 한다. 달러화를 대신하는 새로운 기축통화의 출현은 적어도 우리 세대에 일어날 가능성은 없다. 중국 위안화가 세계 기축통화가 되기 위해서는 세계 금융시장을 떠받칠 만큼 충분한 유동성을 공급할 능력과 이를 뒷받침하는 굳건한 경제체질을 갖추는데 많은 시간이 필요하다. 영국 파운드화는 오랫동안 그 기능을 잘 해내지 못했다. 현재 달러화를 대체할 기축통화를 찾기는 어렵다. 유로화는 기축통화로서의 기능을 하기에는 아직 여건이 성숙돼 있지 않다. 유럽은 인구증가율이 낮고 사회가 고령화돼 기축통화로서의 지위를 확보하기 어렵다. 중국 역시 현재로서는 시기상조다. 달러는 1차 세계대전 이후로 기축통화 지위를 유지돼 왔으며 달러가 퇴출되려면 미국을 대체할 강대국이 등장한다. 이 같은 상황은 아직 점치기 어렵다. 따라서 달러화 지위는 여전히 유지될 수밖에 없는 국제적인 상황이다[로버트 먼델 컬럼비아 대학교 교수]. 기축통화가 되려면 군사력이 뒷받침되어야 한다. 유로화가 세계통화로서 문제없이 받아들여지고 있지만 핵심적인 결제통화로 사용되지 못하고 있다. 이것은 유럽이 군사강국으로서의 역할을 수행하지 못한 요인 때문이다. 달러화를 뒷받침하는 실물경제도 역시 세계경제에 막강한 영향력을 잃지 않고 있다[매일경제, 2008.10.31].

❑ 대안 1

IMF 기능을 지금보다 더 확대해야 한다. 헤지펀드 등 투기 세력을 감시하고 세계의 마지막 자금대출자로서 기능을 강화한다. 특히 투기성 자금 거래에 세금을 부과하는 '토빈세'를 도입해 거둬진 자금으로 IMF가 위기 시 활용한다. 신 브레턴우즈체제에서는 경제안정과 경제개발 환경, 지속 가능성 개발을 위한 무역 촉진 등의 목표를 달성하기 위한 금융 프레임워크(틀)를 마련한다. 신 브레턴우즈 체제는 IMF의 보고와 감독을 강화하는 방향으로 세계 금융시장을 재구성해야 한다. 파생상품 거래자들과 헤지펀드 그리고 브로커들은 통제권에 편입하고 IMF는 최후의 대출기관으로 확실한 힘을 가져야 한다. IMF를 최후 대출기관으로 바꾸기 위해서는 먼저 IMF의 임무와 지배구조를 근본적으로 개선해야 한다. 단순히 IMF 기능만을 강화한다면 사태를 더욱 악화시킨다. **IMF는 통화 긴축적인 거시경제 정책, 미숙한 금융**

규제 완화와 개방 정책으로 개발도상국 경제에 엄청난 피해를 입혔다. 이 같은 정책실패를 막기 위해 IMF의 힘을 신흥국과 개발도상국들에게 배분해야 한다. 신흥국과 개발도상국의 발언권이 취약하면 주요 고객 대상국은 더 큰 피해를 입을 수 있다. 대표적으로 한국의 외환위기가 가장 좋은 예이다. 따라서 IMF 투표권은 개발도상국가들이 목소리를 높일 수 있도록 재분배돼야 한다.

❑ 대안 2

미국은 서서히 쇠퇴해가고 있지만 당장 미국의 시대가 끝나지는 않을 것이다. 미국이 군사적 과잉 팽창과 과도한 재정 적자로 약해져 있다. 그러나 이것만으로 세계의 경제적, 군사적 균형이 한 나라에서 다른 나라로 이동하기에는 시기상조이다. 강대국은 엄청난 자원과 백업 체제를 갖고 있다. 특히 신흥세력은 강대국을 어떻게 대체할지 모른다. 유럽의 패권을 누린 오스트리아 합스부르크 왕가는 14개의 언어를 구사하는 군대를 거느렸다. 대영제국은 런던 금융가 시티와 많은 해군기지를 보유했다. **미국은 전 세계 생산의 20%를 차지하고, 전 세계 군사지출의 50%를 사용하며, 최고 수준 대학에서 엄청난 연구개발투자를 하고 있고, 인구 규모와 인구 대비 국토 면적도 강력하다.** 나치 독일과 일본, 옛 소련은 이 같은 백업 체제를 갖추지 못했기 때문에 곧바로 몰락했다. 미국은 하룻밤 사이에 모래처럼 무너져 내릴 제국이 아니다. **1945년 이래 여러 분쟁지역과 전쟁 위협지역에 군대를 보내 세계의 안보를 지탱해온 미국은 이제 자체 자원으로 이를**

충당할 수 없게 됐다. 수년 동안 미국은 재정적자를 해외국채 발행을 통해 메우고 있다. 여기에 이번 미국 발 글로벌 금융위기로 전 세계 경제를 혼란에 빠뜨렸다. 이로 인한 달러화의 불안정은 장차 미국의 몰락을 예고하는 신호탄이다. 18세기 유럽 상인들은 오스트리아의 마리아 테레지아 달러를 선호했다. 100년 뒤에는 영국 파운드화가, 그 다음 세기에는 달러화가 그 자리를 차지했다. 통화는 보통 강대국 자신의 위상보다 약간 앞서 움직였다. 세계 외환보유액에서 달러의 비중이 줄어들고, 투자자들이 달러가 아닌 다른 통화에 점점 관심을 기울이게 되면 미국이라는 대제국에는 몰락으로 이어지는 점점 더 큰 균열이 생길 것이다[연합뉴스, 2008.10.12].

□ 대안 3

글로벌화한 세계에서 좋은 일이든 나쁜 일이든 국경을 넘나드는 일은 일상화된 것이다. 이번 미국 발 금융위기는 세계로 수출한 셈이다. 또 글로벌 금융위기는 글로벌한 해결책을 필요로 한다. 일례로 다른 나라와 공조하지 않은 유럽의 경제 정책들은 문제를 키웠을 뿐이다. 미국이 연초 경기하강 위험에 초점을 맞추고 있을 때 유럽중앙은행(ECB)은 물가를 이유로 금리인하를 거부했고 결국 유로화가 강세를 띠면서 유럽의 경기하강을 초래했다. 이제는 유럽의 경기둔화가 미국에 영향을 주고 있다. 규제도 마찬가지이다. 규제 완화가 세계적인 대세를 이루며 혁신을 가져 왔다. 세계 각국이 규제 없애기 경쟁을 벌였다. 덕분에 첨단 금융상 품이 다양하게 쏟아져 나왔다. 그러나 그 틈새에서 비대칭 정보를 이용해 탐욕스럽게 이용하는 바람에 금융시스템이 망가졌다. 투명한 정보와 건강한 금융시스템이 담보하는 규제가 따라주지 못하면 혁신이 극대화될 수 없다. **현재의 세계금융체제는 제대로 작동하지 않을 뿐더러 개발도상국들에 공평하지 않다. 이들이 '메이드 인 아메리카' 상표가 붙은 금융위기의 억울한 희생자가 될 것이다.**

미국보다 더 나은 규제와 거시정책들을 편 나라들조차 미국의 잘못으로 인해 고통 받을 수 있는 상황이다. 이제 우리는 개발도상국들과 공동으로 새로운 금융시스템, 오늘날의 현실을 반영할 수 있는 금융시스템, 국제통화기금(IMF)의 전면 개혁으로 이어질 수도 있는 금융시스템을 신속히 마련해야 한다. **우리는 글로벌 금융시스템을 갖고 있지만 그 운영은 선진국 중심 특히 미국 중심으로 이루어져 왔다. 이러한 시스템 아래에서는 더 이상 세계금융시스템은 작동하지 않으며 위험을 부를 수 있다**[조지프 스티글리츠 미국 컬럼비아대학교 교수].

□ 대안 4

경제사적 관점에서 볼 때 부자 나라와 가난한 나라를 모두 조화시키는 방법으로 시장경제를 만족스럽게 대체할 만한 체제는 없다. 그러나 시장 만능을 주장하는 자유주의자들처럼 규제 없는 자본주의 체제가 최고의 사회 체제는 아니지만 그래도 지금까지의 역사적 경험에서 보면 최선의 사회체제임은 틀림없다. 현재 우리가 갖고 있는 자본주의 경제 사회 시스템은 미시경제학적으로나 거시경제학적으로 볼 때 자기규율을 하지 못하고 있다는 것을 알게 되었다. **자본주의 시장경제 시스템은 그 자체가 불평등을 초래하는 속성을 가지고 있다는 것을 인식하고 시장 만능주의에 도취해서 안 된다는 것이다.** 오늘의 자본주의 사장경제 체제가 가져온 불평등은 기술적, 경영적 혁신을 통한 역동적 발전을 고무하는데 필요한 비용이라기보다는 역기능적인 약점만 노출했다는 것을 인식하는 것이다. 그 증거는 2001~2008년 자본주의 종주국인 미국이 보여주었다. 일반 직원 급여의 40배 정도였던 최고경영자(CEO)의 보수가 400배를 넘어서면서 산업발전은 가속화되지 않고 악화됐다. 신자유주의 경제철학을 충실히 따랐던 조지 부시 대통령은 234년 미국 역사상 최악의 대통령으로 역사책에 기록하게 됐다. 이제 미국 사회의 주류는 앞으로 2009~2014년 동안 중도에서 왼쪽으로 흘러가는 사회가 전환되었다. 이 같은 시대 변화는 오늘의 시대적 전환기를 제공한 미국 공화당의 규제완화에 책임이 있다. 그렇다고 규제 완화의 실패 때문에 미국인들이 보호무역주의자가 된다면 미필적 고의에 해당할 만한 과실이 될 것이다[폴 새뮤얼슨 미국 MIT대학교 교수].

❑ 대안 5

미국은 미국 식 자본주의가 실패한 것이 아니고 미국 은행산업에 문제가 생겨 미국 발 금융위기가 발생한 것이다. 규제기관이 아닌 은행산업의 자제력 부재가 실패의 원인이다. 따라서 새로운 규제가 필요하다. 은행들은 지난 20여 년간 투자은행(IB) 업무를 통해 많은 돈을 벌었지만 높은 수준의 규제를 받는 상황에서는 기업투자, 특히 벤처기업 투자에는 적합하지 않은 자금원이다. 은행보다는 신생 벤처기업에 대해 더 잘 아는 '엔젤 투자가'나 벤처캐피털, 헤지펀드 등이 적합하다. 중소기업이나 신생기업에 투자하거나 돈을 빌려주는 엔젤투자가, 벤처캐피털, 헤지펀드들을 규제하는 것은 사회의 이익에 부합하지 않는다. 만약 사회가 이런 곳을 규제하는 실수를 한다면 혁신, 노동의 보상, 일자리 공급은 어려움에 봉착할 것이다.

❑ 대안 6

금융시장 위기의 뿌리가 미국 부동산 시장에 있다. 즉 단순히 금융시장의 문제가 아니라 자산시장과 폭넓게 연계된 문제의 심각성이 있다. 많은 사람들은 미국의 부동산 가격이 끝없이 오를 것이라고 기대했다. 돈은 많아지고 인구는 늘어나는 데 집 지을 땅은 부족하기 때문에 주택가격은 항상 오른다는 관념이 팽배했다. 이렇게 잘못된 기대가 넘치는 시장은 불안할 수밖에 없고 따라서 얽히고 뒤 섞은 복잡한 금융시장의 규제가 중요하다. **새로운 규제정책들이 가능한 한 직설적이어서 회피할 수 없도록 만들어야 하며 은행, 투자은행, 헤지펀드와 같이 금융시장에서 활동하는 다른 기관들에 대해서도 엄격히 적용돼야 한다.** 특히 금융 터 밭을 헤 메고 다니는 무리들은 항상 세부사항 속에 도사리고 있기 때문에 꼼꼼한 제도적, 법적 규제가 필요하며 특히 국제적으로 표준화된 제도와 규제망이 필요하다.

❑ 대안 7

신용위기가 발생한 지 1년이 지났지만 상황은 계속 악화됐다. 그 원인을 들면 주택 가격이 모든 사람이 예상했던 것과 달리 계속 떨어지면서 헤지펀드나 기업들의 재무제표가 주택 가격과 연계된 관계로 인해 신용위기는 더 악화됐다. 현재 신용위기는 이제 시작이다. 주택 가격이 떨어지면 사람들은 소비를 줄이고 소비를 줄이면 주택 가격은 더 하락하는 악순환이 계속된다. 미국의 AIG 구제 금융은 많아 보이지만 부동산 거품으로 사라진 5조 달러에 비하면 턱 없이 적다. FRB가 모든 경제를 구제할 수는 처지다. 현재 시장은 파산 위협이 계속 이어질 수 있다. 최선은 금융사들의 개선이며 많은 기업의 파산은 피할 수 없다. **현재 미국 5대 투자은행 중 3개가 무너진 상황에서 골드만삭스와 모건스탠리도 보장할 수 없다. 이들 역시 무너진 3개 투자은행과 비슷한 사업을 하기 때문이다. 투자은행들은 정부의 감독을 받지 않아 훨씬 취약하다.** 국책 모기지업체인 패니메이와 프레디맥 인수와 AIG 접수 등 정부의 긴급대책은 세계 130개국에서 금융상품을 판매해 온 기업이 파산하면 세계 금융시장을 붕괴하므로 정부 구제는 잘 됐다. 더 중요한 것은 앞으로 이 같은 일이 일어나지 않도록 최선의 길을 선택하는 것이다. **파생상품에 대한 관리 감독 강화다. 전 세계로 영향을 미칠 수 있는 금융시장의 붕괴를 막는 것이 매우 중요하다.** 시장의 신뢰를 회복하기 위해서는 단기적으로 구제가 필요하다. 하지만 이는 저소득층 피해자들을 구제하는 데 초점을 맞춰야 한다. 주택 소유자들을 구제해야 한다. 1930년에 모기지를 지불할 수 없는 사람들을 도와줬던 것처럼 광범위한 지원을 해야 한다. 앞으로도 투자은행은 기업가들에게 자금을 제공하는 역할은 중요하므로 존속이 필요하다. 투자은행은 금융시장에서 메이저 플레이어다. 하지만 그들의 활동은 보다 더 많은 정부의 감독이 필요하다. 금융위기 확산을 방지하기 위해 투자은행도 시중은행과 같은 수준의 연방정부 감독이 필요하다. 투자은행이 투명성과 정보 접근성을 제고하도록 시스템을 개선해야 한다. 최근 주택시장은 주택 가격 하락률은 낮아지고 있지만 계속 하락하고 있다. 주택시장 침체가 수년 동안 계속될 같다. 미국의 주택 가격은 고점 대비 20% 이상 하락했고 이 같은 추세로 가면 대공황 당시인 1930년대 집값 하락폭인 30%를 초과할 가능성이 있다. 주택 가격 침체는 상당 기간 경제성장을 짓누르면서 한국 등 많은 국가에 영향을 미칠 것이다. 주택시장은 부동산 경기 둔화가 수년 동안 지속된다. 주택시장의 버블 해소는 수년이 걸릴 것이다.

미국 경기 침체는 이미 침체에 들어갔다. 미국의 실업률은 6.1%를 기록했다. 실업률은 아마도 더 올라갈 것이다. FRB는 이미 금리를 2%까지 낮췄다. 이는 경기를 살리기 위해 금리를 낮출 수 있는 여지가 별로 없다. **미국은 1990년대 일본 은행과 비슷한 상황으로 나아가고 있다. 일본은 당시 금리를 낮춰서 '제로' 금리까지 내렸다. 하지만 경제가 활성화되지 못했다.** 미국 경제가 직면한 최대 과제는 금융사들의 정리다. **최근 미국은 주요 기업들을 국유화했다. 미국 정부가 주요 기업들을 구제해 인수했다. 이는 미국이 걸어가고 싶지 않은 길**

이다. 자본주의 초기 국가들이 하는 일이다. 기업들이 정부의 인수 없이 스스로 독립할 수 있도록 해야 한다. 근본적인 치료가 중요하다. 무엇보다 금융시스템을 개선해야 한다. 세계 경제는 이번 위기로 인해 전 세계로 퍼지고 있다. 세계 여러 나라 경제가 비틀거릴 수 있다. 경제에 대한 신뢰가 무너지고 있는 것도 문제다[매일경제, 2008.9.19]

금융위기 속에서 상황이 빠른 속도로 변화하면서 이제 주택가격의 거품이나 서브프라임모기지 같은 문제는 옛날 얘기가 됐고 이제는 경기침체가 급박한 당면 문제가 됐다. 이런 상황에서 연방준비제도이사회(FRB)의 역할은 더 많은 현금을 공급하는 것인데 이런 점에서 제대로 일을 하고 있다. 현재와 같이 공격적으로 정책을 펴나간다면 1982년보다 심각한 침체를 피할 수 있다. 지원된 자금을 쌓아두고 지출을 하지 않을 것이라는 우려가 있고 실제로 일부 그런 일이 벌어지고 있지만 그래도 공급을 늘려야 한다. 또 인플레이션을 걱정하는 사람도 있지만 인플레가 발생하면 유동성을 공급할 때와 마찬가지로 재빨리 회수하면 된다. 최근의 일련의 사태를 가능케 한 규제시스템은 재편한다[매일경제, 2008.11.13]. 미국 금융 산업은 과도하게 커졌다. 금융회사 간 통폐합이 필요하다. 투자은행들은 장기적으로 볼 때 사라질 것으로 보인다. 미국 금융시장의 정상화는 주택시장에 달려 있다. 은행들이 대출을 꺼리면 주택시장 침체는 상당히 오랫동안 지속될 가능성이 높다. 한국은 보다 효율적인 금융시스템을 만들고 지배구조를 개선하는데 힘써야 한다.

6. 국제통화기금의 개혁

국제통화기금(IMF) 지분 개혁은 경제 규모에 비해 쿼터가 많은 선진국 진영이 과소 대표되고 있는 신흥국과 개도국에 2012년 연차총회 시까지 6% 이상 이전하는 작업을 마무리한다. 이는 기존 이전 규모인 5% 이상보다 1%포인트 상향됐다. 24명의 IMF 이사 정원은 유지하되 유럽 국가에서 신흥개도국으로 2개의 이사 자리를 넘기기로 합의했다. 늘어난 IMF 쿼터를 어느 국가에 얼마만큼을 넘길지는 정해지지 않았지만 쿼터 이전의 최대 수혜국은 중국이다. 중국은 현재 6위에서 높게는 2위까지 오를 것이다. 이에 따라 미국 중심의 선진국이 IMF 쿼터 이전 분량을 늘려주는 대가로 중국은 환율 쟁점에 대한 다소 양보(시장 결정적 환율 조정)한 것이다. 또한 G20은 지속가능한 균형성장을 위한 공동 목표를 달성하기 위한 종합 행동계획을 마련한다. 금융규제 개혁은 바젤위원회에서 마련한 새로운 은행 자본·유동성 체계를 만든다. 체계적으로 중요한 금융기관이 발생시키는 리스크를 축소하고 대마불사 문제를 해결하기 위해 금융안정위원회(FSB)

가 제안한 정책체계, 작업 기한을 채택한다. 글로벌 금융안전망과 관련해 탄력대출제도(FCL) 등 최근의 IMF 제도를 개선해야한다. 개발 이슈에서는 지속가능한 성장을 촉진하기 위한 G20 개발 워킹그룹의 다년간 행동계획을 마련한다. 금융소외계층 포용을 위한 글로벌 조정체계가 필요하다. 화석연료 보조금 합리와 및 에너지 시장 투명성 등의 진전 상황을 점검한다.

국제적으로 은행의 자본 및 유동성 기준을 높이고 대형 금융회사(SIFI)에 대한 규제를 강화하기로 했다. 국제 금융규제 개혁에 관한 6가지 사항을 다루고 지체 없이 금융규제개혁을 완료하기로 했다. 세계 경제에 큰 영향을 미치는 SIFI를 골라내 추가 규제 방법을 정한다. 엄격한 기준으로 자본과 유동성 확보를 강제하는 조치와 이행 절차를 마련한다. 국제 금융위기가 재발하는 것을 막으려면 금융회사에 대한 규제를 강화하고 금융 감독 시스템을 좀 더 정교하게 만든다. 금융규제 개선을 위한 국내적, 국제적 차원의 조치를 취한다. 각국은 공정경쟁 기반을 확보하고 시장 분할과 보호주의 그리고 규제 차익을 회피할 수 있도록 국제 기준을 일관성 있게 이행한다.

금융규제 개혁안의 6가지 사항 가운데 큰 줄기는 은행자본과 유동성의 양과 질을 높이는 것, SIFI에 대한 추가 규제를 차질 없이 추진하자는 것이다. 은행 자본과 관련해서는 위기 상황에서 은행이 손실을 흡수할 수 있는 보통주자본에 대한 정의를 엄격히 하고, 최소한 확보해야 하는 보통주자본 비율도 높이는 내용이다. 예상치 못한 손실이 생기거나 경기가 급격히 나빠져도 완충 역할을 할 수 있는 자본을 추가로 쌓도록 한다. 위기가 발생했을 때 당장 30일 동안 버틸 수 있는 유동성 높은 자산을 보유하고, 만기가 1년 이상으로 긴 자산에 묶여 있어도 그보다 많은 자금을 유지하도록 단기 및 중장기 유동성 비율을 도입한다.

SIFI에 대해서는 덩치가 큰 금융회사일수록 위기 때 국민 세금을 동원해 지원하는 데서 비롯한 SIFI의 대마불사 논란을 잠재우기 위해 건전성 규제와 정리 절차를 강화한다. 특히 세계적으로 영향을 미치는 글로벌 SIFI에 대해 강화된 규제를 적용한다. BCBS가 SIFI로 지정할 수 있는 대형 은행 목록을 FSB에 제출하면 결론을 낸다. 이 밖에 자본 보유량이 부외자산과 파생거래를 포함한 명목 총자산의 3%를 넘도록 하는 레버리지 규제, 감독기관의 금융회사 점검 절차, 장외파생상품 시장의 규제 개혁 등을 지속적으로 논의하고 규제 개혁의 이행 상황을 점검한다. 금융회사의 보상 관행, 새로운 회계기준, 신용평가사에 대한 의존 축소, 금융규제 개혁안에 대한 신흥국 관점 반영 등의 사항도 다룬다.

7. 국제금융 개혁

G20개국 회의는 2011년 2월 파리 개최의 경우, 세계경제의 불균형 해소방안에 대해 합의에 도달했다. 세계경제 불균형 해소를 위한 예시적 가이드라인(indicative guideline)에 공공부채, 재정적자, 민간 저축률 및 민간 부채 등이 들어가고 아울러 무역수지, 순투자소득, 이전수지가 포함됐다[2011.2.20, 이투데이/연합뉴스]. 중국은 경상수지를 뺀 대신 무역수지와 이전수지, 순투자소득으로 구성된 평가지표에 넣는 데 동의한 반면 중국이 반대하는 실질실효환율[1)]과 외환보유고를 제외한 대신 환율정책, 재정정책, 통화정책을 감안하도록 했다. 이러한 국제 공조는 G20 체제가 흔들리지 않고 세계경제의 재균형화(global rebalancing) 진전이 가능하게 된 것이다.

신흥국 자본시장 육성, 거시건전성 조치, 자본이동에 대한 가이드라인을 국제통화기금(IMF)과 세계은행, 금융안정위원회(FSB)에 위임

1) 교역비중과 인플레이션을 고려한 환율

해 작성토록 했고 금융안전망(FSN)을 강화하는 한편 평시에 안정적으로 글로벌유동성을 공급한다는 원칙에도 합의했다. 거시건전성 강화조치 등을 포함해 외환시장 안정을 해칠 수 있는 급격한 자본이동의 위험성에 대한 인식도 재확인 됐다. 따라서 한국 등 신흥국들은 자본 유출입 규제 조치에 다시 한 번 정당성을 갖게 됐다. 원유·곡물 등 국제 원자재가격의 안정 방안으로는 상품시장 가격변동성의 근본 원인과 소비자·생산자에 미치는 영향을 면밀히 분석해 유효한 조치를 마련키로 했다. 특히 에너지 시장의 투명성 제고가 중요하다는 것을 같이 인식했고 에너지 데이터 개선, 생산-소비국간 대화 증진에 대한 논의를 구체화할 방침이다. 이와 관련해 국제에너지포럼(IEF) 등 국제기구들이 석유국제에너지데이터베이스[2](JODI)의 개선방안을 4월까지 마련한다. 아울러 오는 4월 회의에서 식량안보와 상품파생시장 규제·감독 개선방안 등에 대한 논의를 이어갈 방침이다.

금은 금융 불안이 고조되거나 인플레이션이 한창일 때 최고의 안전자산으로 각광 받으며 빛을 발 한다. 금 8월 인도분 선물가격은 2011년 5월 30일 온스 당 1539.8달러를 나타냈다. 이는 역사상 4번째로 높은 금값이다. 금값은 지난 4월29일 1556.40달러, 5월2일 1557.10달러, 3일 1540.40달러였다. 금값은 사상 최고치 1577달러를 향해 가고 있으며 1600달러가 될 것으로 전망했다. 금값 상승의 요인은 환율 관련

2) JODI : Joint Oil Data Initiative

요인이다. 투자자들이 지폐의 안정성에 대해 걱정이다. 이는 금융위기가 확산 가능성으로 인식한다. 이와 관련해 연준(FRB)이 수정 본원통화량이 급증하도록 방치하고 있으며 지난 5개월간 본원통화가 30% 늘었다. FRB의 자산 규모는 지난 2007년 말 대비 3배반 이상 늘어났다. 그러나 경기는 빠르게 하강하고 있다. 아울러 경기 부양을 하지 않을 때 발생하는 리스크도 스태그플레이션이며 아무 것도 하지 않았을 때 직면하는 리스크는 경제 붕괴의 위협이다. 현재 초인플레이션이 발생할 수 있으며 이 때문에 금값은 1650달러를 넘어설 수 있다. 이미 미국에서는 금값이 1만2500달러까지 오를 것으로 예측한다. 초인플레이션은 1970년대 미국 경기 침체 속 고 물가상승률의 악몽을 떠올리게 한다. 금값이 초인플레이션을 를 경고하는 방향으로 움직일지는 지켜볼 문제다[머니투데이, 2011.5.31].

주요 7개국(G7)이 엔화 값 급등을 막기 위해 합의했다. 동일본 대지진 여파에 엔화가치가 이상 급등하고 금융시장에 불안감이 확산되자 11년 만에 공동 개입했다. G7의 경고에 엔화 값은 소폭 떨어졌다. 전날 달러 당 78엔대로 치솟았던 엔화 값은 18일 도쿄 외환시장에서 달러 당 81.88엔까지 하락했다. 일본 닛케이지수가 2.7% 급등하는 등 아시아 주요 증시도 일제히 상승했다[중앙일보, 2011.3.19].

20개국(G20) 회의 : 이번 2011년 10월 20개국(G20) 파리회의에서는 유럽 위기의 진화를 위한 국제통화기금(IMF)의 역할을 집중적으로 논의됐다. 하지만 IMF가 유럽 구제 금융의 추가 자금 지원 문제에 대해 회원국들 간 불협화음이 일고 있다.IMF의 대출 규제를 바꾸고 더 많은 자금을 지원토록 하는 방안이 논의됐지만 IMF의 역할이 커지는 것에 대해 정치적 반대 여론이 만만치 않다. 신흥국들은 IMF의 유럽 위기 지원 규모를 늘리는 방안을 논의 중이다. G20은 IMF 자금 지원 규모 확대 필요성에 대한 공감대가 형성하고 있다. 일본, 미국, 영국, 호주 등의 국가들은 IMF의 부담이 높아지는 것을 반대하고 유럽 구제금융 기금 확대는 유럽 내에서 이뤄지길 바라는 입장이다. 유럽은 스스로 문제를 풀 수 있는 상당한 자원을 갖고 있다고 보는 것이다.

미국은 IMF 자금을 사용하는 것을 고려하고 있지만 현재로서는 IMF가 더 많은 자금을 사용하는 데 반대하고 있다. IMF의 추가 지원을 완전히 배제하지 않으면서도 유럽이 먼저 지원 확대가 있어야 한다는 점을 분명히 하고 있다. IMF는 중립적인 자원이라는 점을 미국은 강조하고 있다. 미국 정부로서는 현재 수준의 IMF 자금을 유럽 지원에 사용할 경우, 내부적인 논쟁이 있기 때문에 추가 지원은 정치적 역풍을 불러일으킬 수 있다고 본다.

영국 역시 IMF가 유로 존을 지원하기 위한 새로운 기금을 확충하는 제안에 대해 주저하고 있다. 2009년과 지난해 IMF 회원국들은 3800억 달러를 예방적 대출 기금으로 사용하는 데 합의한 바 있으며 이 기금은 경제적 기초체력이 양호하지만 시장에서 자금조달에 어려움을 겪는 회원국들을 돕는 용도로 사용되는 것이다[머니투데이, 2011.10.15].

주요 20개국(G20)이 단기 유동성 지원책을 만들고 중앙은행 역할의 중요성을 확인하는 등 금융안전망 확충에 합의했다. 유동성 위기 때 중앙은행의 역할을 강조한 것은 글로벌 통화스와프를 위한 발판을 마련한 셈이다. 거시건전성 규제와 자본통제를 포함한 자본이동 관리원칙에 합의함으로서 자본의 급격한 유출입에 대한 정책적 대응이 쉬워지게 됐다[연합뉴스, 2011.10.15].

글로벌 금융안전망과 관련, 시스템 위기의 확산을 막기 위해 국제통화기금(IMF)에 단기유동성 지원 프로그램을 신설키로 하고 'G20 칸 정상회의' 때까지 방안을 만들기로 했다. 이는 선제적 단기 대출제도로 금융안전망 확충에 따라 마련된 IMF의 탄력대출제도(FCL), 예방대출제도(PCL)에 이어 3번째 제도가 된다. G20은 이날 합의한 자본이동 관리원칙에서 거시건전성 정책에 대해선 국가별 정책 선택과 운영상의 자율성을 대폭 인정하고, 거주자와 비거주자를 차별해 규제하는 자본통제의 경우 한시적으로 운영하도록 제약조건을 부과했다. 아울러 신흥국의 자본유출입에 대한 대응능력을 키우기 위한 채권시장 발전방안도 합의했다.

거시정책에 대해선 세계경제가 하방위험이 심해지고 긴장이 고조되는 상황이라고 판단하고 선진국은 성장 지원에 염두를 둔 재정 건전화를, 신흥국은 인플레 압력과 자본흐름 변동성 완화, 경기복원력 강화를 위한 거시정책을 각각 추진키로 했다.

신흥국 가운데 경상흑자국은 내수 진작에 힘쓰는 한편 시장 결정적인 환율제도와 펀더멘털(기초여건)을 반영하는 환율의 유연성 제고를 위해 노력키로 했다. 환율정책에 대한 이런 표현은 종전 수준 그대로다. G20은 또 은행시스템과 금융안정에 필요한 모든 조치를 강구키로 했다. 이를 위해 은행 자본 확충과 자금 확보를 지원하는 동시에 위기국가의 중앙은행은 유동성 공급에, 신흥국 중앙은행은 물가안정을 위한 통화정책을 지속해 나가기로 했다.

유로 존 위기에 대해선 유럽재정안정기금(EFSF) 규모 확대 안에 대한 의회 인준과 유럽 경제거버넌스 개혁안 채택에 환영한다는 입장과 함께, EFSF의 효과를 극대화하기 위한 추가 작업과 오는 23일 유럽연합(EU) 정상회의의 성과 도출을 촉구했다. 이에 따라 유로 존 해법은 23일 EU 정상회의와 다음달 3~4일 칸 G20정상회의에서 구체화될 전망이다. 유럽이 희망한 IMF 대출 재원 확충 방안을 놓고는 필요성은 인정했지만 칸 정상회의에서 추가로 논의하기로 했다. IMF 감시도 개선키로 했다. 지금처럼 환율, 외환보유액에 치중하기보다는 재정, 통화, 금융, 환율 등 정책 전반으로 확대하기로 하고 종합적이고 균형적인 개선방안을 검토하기로 했다. 개발 분야에서는 개발효과가 큰 지역사업을 다자개발은행(MDB)이 골라 실행하는데 합의하고 칸 정상회의에 앞서 재원조달 방안을 검토키로 했다.

이밖에 시스템적으로 중요한 금융기관(SIFIs)을 글로벌(G-SIFIs)과 지역(D-SIFIs)으로 나누고 D-SIFIs에 대한 규제방안 마련에 착수키로 했다. 원자재 가격 안정을 위한 투기적 파생상품 규제방안을 마련하고 국제증권감독기구(IOSCO)의 원자재 파생상품시장 규제·감독 일반원칙을 승인했다[연합뉴스, 2011.10.15].

중국 위안화 편입을 염두에 둔 IMF 특별인출권(SDR) 바스켓 확대 방안도 칸느 회의 때 마련키로 했다. 일부에선 위안화 편입을 위해 현행 기준까지 바꿀 필요가 없다는 의견도 제기됐다[연합뉴스, 2011.10.15.]. G20은 국가채무 리스크, 금융시스템 취약성, 약화된 성장세 등 세계경제가 직면한 하방위험의 심각성을 인정했다. 회의 참석자들의 전반적인 거시 전망은 좋지 않았다. 국제공조는 2008년 위기 때와는 다른 형태로 나타났다. 당시엔 모두가 경기를 지탱하고자 재정과 유동성을 푸는 처방을 내놓은 반면 이번엔 재정 건전성과 경기 진작이라는 상충되는 두 가지의 조화를 모색하고 국가별 처방을 달리한 게 특징이다.

선진국에 대해선 성장 지원을 염두에 둔 재정건전화 추진이라는 과제가 떨어졌다. 단기적으로 부양 정책이 필요하지만 중장기적으로는 재정 건전성 회복도 염두에 둬야 한다는 시각이다. 신흥국에겐 인플레 압력과 자본흐름 변동성 완화, 경기 복원력 강화를 주문하고 특히 신흥국 중에서도 중국이나 우리나라 등이 해당되는 경상수지 흑자국에 대해선 국내소비를 진작하는 노력과 시장 결정적 환율의 중요성을 당부했다. 환율 관련 표현은 지난해 수준에서 벗어나지 않았다.

통화제도에서는 자본이동 관리를 위한 가이드라인이 만들어졌다. 선진국이 돈을 풀면서 급격한 자본 유출입 피해를 우려한 신흥국 입장이 수용됐다. 애초 미국 등 선진국의 반대가 심했지만 독일과 프랑스 등 유로 존에서 거시건전성 규제에 해당하는 금융거래세 도입을 추진하는 상황과 맞물리면서 힘을 받았다. 이 가이드라인의 특징은 자본유입에 대한 정책대응이 거시경제정책 - 건전성 규제 - 자본통제 등 순차적 대응이 강조되던 것에서 동시 처방이 가능하도록 동시처방을 허용하고 거시건전성 규제와 자본통제를 명확히 구분한 것이 핵심이다.

아울러 거시건전성 규제에 대해선 국가 형편에 따라 상시적으로 할 수 있는 정책재량권이 주어진 점도 중요하다. 다만 자본통제에 대해선 한시적이라는 단서가 붙었다. 이에 따라 우리나라는 단기 외채 억제를 위한 선물환 포지션 제도와, 급격한 외자 유입을 막으려는 외국인 국채 투자에 대한 과세, 은행의 외화차입에 대한 거시건전성부과금이 다시 한 번 정당성을 확보하게 됐다. 아울러 외국인자금 유입이 두드러진 채권시장에 대한 규제를 놓고 경제협력개발기구(OECD) 자본자유화 규약의 제약 탓에 고민하던 정부로서는 규제에 우호적인 환경이 되면서 부담을 덜게 됐다. OECD는 G20의 논의에 따라 자본자유화규약 개정을 검토 중이다.

시스템 위기를 막기 위한 글로벌 금융안전망 방안도 진일보했다. 프랑스 칸 회의까지 IMF가 단기유동성 지원 프로그램을 만들기로 합의한데다 유동성 위기 때 중앙은행 역할의 중요성을 확인했기 때문이다. 단기 유동성 프로그램은 작년부터 마련된 IMF의 탄력대출제도(FCL), 예방대출제도(PCL)에 이어 3탄에 해당한다. 종전 제도의 경우 대출 기간이 길었지만 이번 제도는 일시적 위기 우려에 대한 1년 미만의 단기 자금이어서 낙인효과를 줄일 수 있다는 점이 장점이다. 특히 유동성 위기 때 중앙은행의 역할이 중요하다는 표현이 추가된 점이다. 이것은 중앙은행 간 스와프의 기반을 마련한 것으로 볼 수 있다. 그러나 중앙은행의 중요성을 강조한 것만으로는 통화 스와프의 제도화를 기대하기에는 아직 갈 길이 멀다는 평가도 적지 않다. 유럽위기 및 IMF 재원확대에 대한 관심을 계기로 글로벌 금융안전망의 필요성을 강조해 다수 회원국의 공감을 얻었지만 신흥국에 대한 외환보유액 축소 압박에 대해 역으로 안전망의 필요성을 강조해 얻은 반대급부로 한국정부는 보고 있다[연합뉴스, 2011.10.15].

바젤Ⅲ 협약 : 바젤위원회가 새롭게 마련한 바젤Ⅲ 협약에 따라 추가 자본 확충 의무를 지게 될 글로벌 대형은행 50곳이 다음 달 초 공개된다. 다음달 11월 3~4일 칸느에서 열리는 G20 정상회담에서 확정, 발표할 계획이다. 전 세계에서 금융시스템 상 중요한 은행(G-SIBs)으로 선정되면 해당 은행은 바젤Ⅲ 기준보다 자본을 더 쌓아야 한다. 이는 금융위기 때 대형은행 파산이 전 세계 금융시스템에 미치는 영향이 크다는 점을 고려해 부과한 것이다. 이 대형은행들은 글로벌 금융시장에서의 영업활동 수준, 규모, 상호연계성, 대체가능성, 복잡성 등 5개 부문에서 12개 지표를 통해 각 은행이 차지하는 비중을 평가한다. 특히 시스템 중요도가 가장 낮은 1구간의 경우 자본을 일반은행들의 7% 요구수준에서 1%포인트를 더 쌓아야 하고 2구간은 1.5%포인트, 3구간은 2%포인트 등 0.5%포인트씩 구간별로 쌓아야 하는 자본이 높아진다. 5구간에 포함돼 있다면 3.5%포인트를 추가로 적립해야 한다. 그러나 이번 회의에서도 이들 대형은행 선정을 놓고 당국자들 사이에 의견이 엇갈리고 있다. JP모간체이스와 뱅크오브아메리카 등의 대형 금융기관은 대형은행에 대한 추가 자본 확충 요구가 은행수익과 실물경제에 큰 충격을 줄 수 있다며 반발하고 있다[블룸버그, 이데일리, 2011.10.15].

은행자본과 유동성에 대한 규제 강화는 단기적으로는 경영에 부담을 주지만, 이행 준비 기간에 대비를 철저히 해 두면 오히려 자본을 충분히 확보한 국내 금융회사로서는 득이 될 수 있다. 규제 강화에 따라 국내 은행의 수익성이 저하될 가능성이 있지만 장점을 잘 활용하면 세계적 은행으로 도약할 좋은 기회가 된다. SIFI에 대한 추가 규제 역시 우선 글로벌 SIFI에 대한 규제를 먼저 도입, 파급 영향을 살피고 나서 국내 수준의 대형 금융회사에 적용한다는 방침이다. 이번 금융규제 개혁이 당장 우리나라에 영향을 미치지는 않을 전망한다. 금융회사의 규모에 따라 여러 단계로 나눠 규제의 강도와 시기를 차

등 적용하면 국내 금융회사로서는 규제 차익을 노릴 만하다.

현재로서는 금융회사를 6개 그룹으로 분류해 차별적인 규제를 적용하는 방안이 논의되고 있다. 우리나라 금융회사들은 서구의 국제적 금융회사보다 국제 금융 시스템에 미치는 영향력이 작으므로 최하위 등급으로 매겨질 가능성이 커 이를 기회로 삼을 수 있다.

세계 각국은 글로벌 수요, 일자리 창출 및 성장잠재력 제고를 위해 구조개혁 추진하고 지체 없이 금융규제개혁을 완료한다.

선진국은 각국 상황을 고려하여 합의에 부합되는 방향으로 명확한 · 신뢰할 만한 · 성장친화적인 중기 재정건전화계획을 수립하고 이행한다. 우리는 재정건전화의 동시 이행이 글로벌 경제회복에 미치는 위험 및 재정건전화 이행 실패가 신뢰와 성장을 저해할 위험을 유념한다.

물가안정을 달성하는 데 적절한 방향으로 통화정책을 운용함으로써 경제회복에 기여한다.

경제 펀더멘털이 반영될 수 있도록 보다 시장결정적인 환율 제도로 이행하고 경쟁적인 통화절하를 자제한다. 선진국은 환율의 과도한 변동성과 무질서한 움직임을 경계한다. 이 같은 행동은 신흥국이 직면하고 있는 자본이동의 과 도한 변동성을 완화하는 데 기여할 것이다. 또한 우리는 안정적이고 잘 작동하는 국제통화체제를 향한 노력을 더욱 배가하고 이와 관련하여 국제통화기금(IMF)에 심도 있는 작업을 요청한다. 우리는 IMF가 주요 국가들의 정책이 갖는 광범위한 파급효과를 평가하는 작업을 환영한다.

모든 형태의 무역 보호조치를 배격하고 무역장벽을 더욱 줄이기 위해 노력한다.

대외 지속가능성을 촉진하기 위해 다자간 협력을 강화하고, 과도한 대외불균형을 줄이고 경상수지를 지속가능한 수준으로 유지하는 데 도움이 되는 모든 정책수단을 추구한다. 우리가 합의할 예시적인 가이드라인에 의거하여 큰 폭의 불균형이 지속된다고 평가될 경우, 대규모 자원 생산국을 포함하여 국가적 · 지역적 환경을 고려할 필요성을 인정하는 가운데, 상호평가 프로세스의 일환으로 동 불균형의 본질과 조정을 가로막는 근본적 원인들을 평가한다. 이 같은 약속을 충족하기 위한 우리의 노력을 지원하기 위해 상호평가 프로세스의 일환으로 IMF에 대외 지속가능성의 진척상황과 재정 · 통화 · 금융 · 구조개혁 · 환율 · 기타 정책의 일관성에 대해 평가하도록 요청한다. 개별국가 차원에서 행해진 상호평가 프로세스를 통해 강하고 지속가능하며 균형 잡힌 성장을 위한 협력체계를 더욱 발전시킨다. IMF, 세계은행(World Bank), 경제협력개발기구(OECD), 국제노동기구(ILO) 등의 국제기구의 분석을 활용하여 국제협력을 위한 견고하고 실용적인 발판을 마련한다. 세계경제가 직면한 어려운 도전과제에 대한 대응으로 우리는 위험을 완화하고 공동목표를 달성하기 위해 종합적인 행동계획을 마련한다. 회의에서 개혁원칙 이행을 위한 실천계획을 채택한 후 FSB의 조력을 바탕으로 괄목할 만한 성과를 올린다. 우리는 금융규제 개선을 위한 국내적, 국제적 차원의 조치를 취하며, 각국의 공정경쟁기반을 확보하고 시장분할과 보호주의 그리고 규제차익을 회피할 수 있도록 국제 기준을 일관성 있게 이행한다. 글로벌 금융시스템을 보다 강하게 만든다.

바젤위원회와 바젤위원회 최고위급 회의에서 마련한 새로운 은행자본 유동성 체계를 환영하고, 이를 합의한 기한 내에 완전히 이행할 것을 약속한다. 체제적으로 중요한 금융기관이 발생시키는 리스크를 축소시키고, 대마불사 문제를 해결하기 위해 FSB가 제안한 정책체계, 작업절차, 그리고 작업 기한을 채택 한다. 감독을 강화하고 감독의 효과성을 제고하기 위한 FSB 권고사항을 채택한다. 장외파생상품시장, 보상관행, 회계기준, 신용평가사에 대한 의존 축소를 위한 FSB 원칙 등 그간 G20이 합의한 모든 금융규제 개혁 의제를 국제적으로 일관성 있고, 비차별적인 방법으로 이행할 것을 약속한다. 과도한 자본유출입의 영향을 완화하기 위한 수단을 포함한 거시건전성 정책 체계에 대한 추가 작업, 아웃리치 확대 등 금융규제 개혁에 대한 신흥국 관점의 반영, 상품파생시장 규제 개혁, 그림자 은행에 대한 규제 개혁, 시장 신뢰성 제고 방안 마련 추진한다. 비협조적 지역에 대응하기 위한 우리의 작업을 단호하게 추진한다. IMF가 국제통화금융체제의 운영을 지원하는 역할이 가능하도록 IMF의 효과성, 신뢰성, 정당성 제고를 위한 IMF 쿼터 및 거버넌스 개혁의 원대한 제안에 대한 합의 한다. 2012년 연차총회시까지 최빈국의 투표권을 보호하되, 역동적인 신흥개도국과 과소대표국으로 쿼터 비중 6% 포인트 이상 이전 완료한다. 2013년 1월까지 변화된 경제력 비중의 반영을 위해 쿼터 공식의 포괄적 검토를 진행하는 등 최빈국을 포함한 신흥개도국의 발언권 및 대표성 증대를 목적으로 지속적인 절차를 이행; 차기 쿼터 일반검토를 2014년 1월까지 마무리한다. 2명의 선진 유럽이사수 축소를 통해 이사회 내 신흥개도국의 대표성 제고 및 모든 다국가 이사실의 2번째 대리이사 도입 가능성과 24명의 현행 이사수를 유지한다는 IMF 회원국의 약속과 더불어, 이사 전원선출제를 도입하고, 제14차 쿼터일반검토의 완료 이후 이사회 구성을 8년마다 재검토한다. FCL 개선, PCL 도입 등 글로벌 금융안전망 강화를 위한 최근의 IMF 대출제도를 개선한다. 시스템적 성격을 지닌 충격에 대한 세계경제의 대응역량을 보다 향상시키기 위한 추가적인 작업을 지속한다. 개발도상국의 포용성 있고 지속가능한 성장과 복원력을 촉진하기 위한 G20 개발 워킹그룹의 다년간 행동계획을 마련한다. 2015년까지 새천년개발목표를 달성하고, 공적개발원조 등을 통해 이를 강화한다. 국제개발협회(IDA)에 대해 상당한 재원을 보충한다. 식량안보기금이 여러 개발도상국의 농업에 대한 원조를 확대하며 더 많은 출연한다. 빈곤층과 중소기업의 금융서비스 접근성을 향상시키기 위해 일련의 행동계획을 마련한다. 중소기업 자금지원 경진대회에 대한 활발히 호응하며, 혁신적인 제안을 발표한다. 이들 제안이 효과적으로 실행되는 것을 지원하기 위한 자금지원 체계를 발전시킨다. 금융 소외계층 포용에 대한 작업효과를 극대화하고, 여러 이니셔티브와 이해관계자간의 협력을 높이기 위하여 글로벌 조정체계를 수립한다. 비효율적 화석연료 보조금의 합리화 및 점진적 철폐와 에너지 시장 투명성 및 안정성 등을 증진한다. 위기 이후의 경제성장을 촉진하기 위해 공공-민간의 파트너십을 향상시킨다.

일본 엔화기치의 이상 급등 : 본 엔화는 2011년 7월 대지진에도 불구하고 떨어지기는커녕 초강세를 보였다. 보통 국가 경제 전반에 타격을 미칠만한 천재지변이 발생하면 해당국 통화의 가치는 떨어진다. 하지만 일본이 초대형 악재에도 불구하고 엔화 가치는 올랐다. 지진 발생 당일인 11일(현지시간) 뉴욕 외환시장에서 엔/달러 환율은 전 거래일 대비 1.35% 급락한 81.86엔을 나타냈다. 엔/달러 환율 하락은 엔화 가치가 그만큼 올랐다는 의미다. 이날 절상 폭은 8개 월래 최대다. 엔화는 유로화에 대해서도 강세를 보였다. 엔/유로 환율은 전일 대비 0.61% 내린 113.78엔을 나타냈다. 엔화는 달러와 유로를 포함한 16개 주요 통화에 비해서도 강세를 보였다. 이처럼 일본 엔화가치가 상승할 것으로 보는 원인은 다음과 같이 여러 갈래로 해석한다.

첫째, 피해 복구 과정에서 엔화 수요가 늘어날 것이란 전망으로 풀이 한다. 강진으로 인한 피해를 복구하기 위해 대규모 엔화가 일본 내로 환수될 것이다. 일본은 경상수지 흑자 대국이므로 자산을 매각해 엔화를 본국으로 사들일 가능성이 높다. 대지진으로 일본 경제가 큰 타격을 입으면서 투자자들이 위험자산에 대한 투자를 줄이고 제로(0) 수준인 기준금리를 이용해 해외 자산 투자에 나섰던 일본인들이 엔화를 본국으로 가져올 것으로 본다. 특히 보험사들이 보험금 지급을 위해 해외자산을 매각하면서 엔화를 사들일 것으로 전망된다[아시아경제, 2011.3.12]. **둘째, 엔화는 다른 통화와 달리 안전자산으로 여기고 있다.** 전통적인 안전자산인 엔화가 위기 때 절상된다는 것은 이미 증명된 사실이다. 일본이 대규모 경상수지 흑자를 내고 있다는 점도 엔화 강세를 이끌었다. 일본국채 가격도 도쿄 채권시장에서 상승해 투자자들의 안전자산 선호현상을 드러냈다. 이날 도쿄 채권시장에서 10년 물 일본 국채 수익률은 2.5bp 하락(국채 가격 상승)했고 2년물 국채 수익률 역시 0.5bp 내렸다. **셋째, 지난 1995년 1월에 고베를 강타한 대지진 당시의 학습효과도 이날 엔화 강세를 유도한 심리적 요인이 작용한 것으로 본다.** 고베 대지진은 무려 1400억 달러의 재산 피해를 내며 지역 경제를 초토화시켰지만 지진 후 4개월간 달러 대비 엔화 가치는 무려 20% 급등했다. 지진 피해 복구를 위해 일본 정부가 대규모 재건 사업에 나설 것으로 기대되면서 해외 투자자금이 엔화로 몰렸기 때문이다. 이번 강진이 발생한 직후에도 일본 정부는 경제 혼란을 막겠다는 확고한 의지를 밝혀 엔화 가치를 지지했다. 지진 발생 후 일본은행(BOJ)은 금융시장 안정을 위해 모든 조치를 다할 것이라고 강조했다. 일부 전문가는 달러/엔 환율은 75달러까지 폭락할 것이라고 전망하기도 한다.

그러나 앞으로도 엔화 가치가 계속 강세를 띨지는 미지수다. 정부

가 향후 막대한 자금을 투입해 본격적인 복구에 나서면 오히려 엔화가 시중에 많이 풀려 엔화 가치를 떨어뜨릴 것이란 전망도 있다. 지난 고베 대지진 때도 4월 한때 지진 발생시점보다 20% 상승한 엔화 가치는 향후 복구사업이 탄력을 받자 연말에는 4월 고점 대비 무려 28% 하락했다. 일본 정부가 피해 복구를 위해 통화정책을 추가 완화하고 재정지출을 대거 확대하면 엔화 약세 요인으로 작용할 수 있다.

또한 일본 정부가 현 시점에서 엔 강세를 결코 원하지 않는다는 점도 장기적 엔 강세를 기약할 수 없는 이유다. 현재 81엔대의 엔/달러 환율은 일본 재계가 정상적으로 사업을 하기 위해 감내할 수 있는 환율 마지노선보다 더 낮은 수준이다. 엔화가 장기간 강세를 지속하지 않을 것이라는 전망은 일본 정부가 엔화 강세를 막기 위해 지난해 9월처럼 외환시장에 개입할 수 있다는 분석이 있다. 따라서 앞으로 수 주간 달러/엔 환율은 일본경제가 받은 타격과 보험금 규모, 일본 정부의 통화 및 재정정책 등에 따라 변동할 것으로 보인다. 일부 외환 전략가들은 엔화가 1995년 때처럼 초강세를 보이지 않을 것으로 전망한다. 일본인들이 그때처럼 해외자산을 매각해 엔화를 자국으로 가져오지 않을 것이란 게 그의 근거다.

국제금융기구와 중국의 역할 : 세계를 주도하는 슈퍼 파워라는 미국의 이미지가 중국에 의해 도전받고 있다. 주요국 국민 과반수가 이미 또는 앞으로 중국이 미국을 대체해 세계를 이끄는 슈퍼파워로 부상할 것으로 전망한다. 특히 프랑스에서는 중국이 세계를 주도하는 슈퍼파워라는 응답이 매우 높았다. 영국, 독일 등 다른 유럽 국가에서 그 같은 응답이 많다. 이와 함께 파키스탄, 팔레스타인 자치령, 멕시코도 과반 이상이 중국이 미국을 이미 또는 앞으로 뛰어넘을 것으로 점쳤다. 중국에서는 현재 미국을 대체했다는 답변은 6%에 그쳤으나 앞으로 미국을 넘어설 것이라는 답변은 무려 57%나 됐다. 미국, 이스라엘, 폴란드도 국민 과반수 가까이 인정하고 있다. 이에 비해 일본 인도네시아, 인도 등 아시아 국가들은 상대적으로 중국의 슈퍼파워 부상 가능성에 높이 치지 않았다. **그러나 중국이 미국을 대체하는 세계 슈퍼파워가 될 것이라 하나의 트렌드가 되고 있는 것은 분명해 보인다. 이 같은 근거는 전 세계 힘의 균형이 변화할 것이란 흐름이 경제적으로 중국이 미국에 근접하고 있는 사실에 두고 있다.** 이처럼 중국이 미국을 넘어설 것이라는 견해를 가진 국가들이 늘어나고 있지만 미국에 대해서는 중동지역 등을 제외하고는 여전히 우호적인 국가들이 많은 것으로 조사됐다[매일경제, 2011.7.14, 퓨 리서치 조사].

중국이 양대 국제금융기구인 국제통화기금(IMF)과 세계은행의 부총재 자리를 잡았다. 급속한 경제성장에 힘입어 중국의 글로벌 위상과 목소리가 커진 것이다. 주민(朱民) IMF부총재는 미국 존스홉킨스대 경제학 박사 출신으로 세계은행에서 일한 경력이 있다. 그 동안 IMF와 세계은행 총재 자리는 유럽과 미국인이 각각 독식해왔다. 스트로스칸 총재 후임으로 크리스틴 라가르드 프랑스 재무장관이 IMF 총재로 선출되면서 양분 구조는 그대로 유지됐다. IMF 부총재 자리는 지금까지 3개였다. 이 가운데 수석 부총재는 미국출신이, 나머지

두 명의 부총재직은 현재 일본과 이집트 출신이 맡고 있다. 라가르드 총재는 여기에 자리를 하나 더 만들어 주 부총재를 임명한 것이다. 중국 출신이 IMF 부총재직에 기용되는 것은 이번이 처음이다. IMF 쿼터(지분) 개혁에 따라 앞으로 중국의 위상이 미국과 일본에 이어 3위로 급부상하는 점도 반영됐다.

중국경제 둔화와 핫머니 급증 : 중국 경제의 성장세가 둔화하는 동안 중국에 유입되는 핫머니[1]가 급증하고 있다. 핫머니는 위안화 절상과 유동성 팽창을 야기하면서 금융시장을 교란하고 고물가에 시달리는 중국경제에 큰 부담이 된다. 핫머니와 수출, 외국인 투자가 급증하면서 중국의 외환보유액이 6월 말 현재 3조1975억 달러에 이르고 있다. 이는 1년 전에 비해 30.3% 증가한 것이다. 지난 2분기에는 1528억 달러나 늘었다. 외환보유액 증가에 직접적인 영향을 미치는 무역흑자와 외국인 직접투자액(1~5월 480억달러)을 합친 금액이 올 상반기 보유액 증가분(3502억달러)을 크게 밑도는 것으로 볼 때 환율 절상이나 해외투자 수익분 등을 고려하더라도 상당한 규모의 핫머니가 유입된 것으로 본다.

중국 당국의 외환통제에도 미국이나 유럽의 경제 위축 탓에 투자처가 마땅치 않은 핫머니가 중국 쪽으로 몰려오고 있다. 중국 총리는

1) 국제투기자금

국경 간 자본이동에 대한 감시체제를 강화할 것이라면서 핫머니 유입을 경고했지만 올 하반기에도 환차익과 높은 금리를 노린 핫머니가 더욱 불어나면서 연말쯤 외환보유액이 3조4000억 달러에 이를 것으로 예상된다. 외환보유액이 급격히 증가하면 위안화 절상 압력이 커지고 유동성 과잉도 더욱 악화될 수 있다. 고물가에 대응해 돈줄을 죄야 하는 중앙은행의 통화관리에 부담을 준다. 기준금리 인상과 은행지급준비율 인상 등 통화긴축 조치에도 6월 금융기관의 위안화 신규대출은 6339억 위안으로 전월(5516억 위안)에 비해 늘어났다.

2분기 국내총생산(GDP) 성장률이 9.5%를 기록해 올 상반기 전체로는 9.6%다. 이는 작년 4분기 9.8%, 올 1분기 9.7%에 비해 낮다. 그러나 2분기 성장률이 시장의 예상치 9.3~9.4%에 비해 높아 그동안 고물가와 통화긴축 여파로 제기돼 온 중국경제의 경착륙 우려가 완화된 것으로 본다. 미국 경제의 둔화가 우려되지만 중국의 지방과 민간투자 증가율이 여전히 높기 때문에 향후 중국 경제의 성장 동력은 여전히 강한 편이다. 재고 조정과 함께 생산이 하락하고 있지만 단기적인 현상이며, 경기둔화의 시간도 길지 않을 것으로 전망한다.

세계경기의 불안과 안전자산 선호 : 세계 경기 불안이 확산되면 대표적인 안전자산의 가치가 뛴다. 국제적인 대표적 안전자산인 일본 엔화와 스위스 프랑, 금값이 연일 사상 최고치를 경신하고 있다. 미국의 디폴트 우려와 함께 지난 2분기 미국의 경제성장률이 전기 대비

1.8%를 기록할 것이란 시장예상을 크게 밑돌면서 향후 경기상황에 대한 불안감이 커지고 있다. 또 지난 주말 스페인의 신용등급 강등이 검토되고 있다는 소식이 전해지면서 안전자산으로 투자자금이 몰리고 있다. 지난 미국 외환시장에서 엔화 값은 장중 한 때 달러 당 76.72엔을 기록했다. 스위스 프랑 역시 달러 당 0.786스위스 프랑으로 사상 최고치를 기록했다. 이날 미국 상품거래소에서 12월 인도분 금 선물 값은 1631.20달러로 급등했다. 미국 외환시장에서 엔화나 스위스 프랑 등이 디폴트 우려에 민감하게 반응하면서 계속해서 최고 가치를 경신하고 있다. **유로 존의 재정 위기는 경제체력이 다른 국가들이 같은 통화를 사용하는 데서 온 것이다.** 해결 방법은 유로 존을 해체해야 하는 것이다.

세계 경제가 2011년 9월 들어서부터 사실상 위기 국면에 진입할 가능성이 높아지고 있다. 2011년 부도 위험에 노출된 국가 범위가 2008년 글로벌 금융 위기 때보다 커진 것이 그 근거다. 미국 투자은행 리먼브러더스가 파산 신청을 한 2008년 9월 15일과 미국 국가신용등급이 강등된 2011년 8월 5일 이후 각각 7주간의 주요국 신용부도스와프(CDS) 프리미엄을 분석한 결과다[서울신문, 2011.9.26]. 리먼 사태 당시 우리나라와 신흥국인 중국, 브라질은 CDS 프리미엄 자체도 선진국과 비교해 높았지만 변동성이 심했다. 한국의 경우 파산 신청 당일 158bp(1bp=0.01%)에서 699bp까지 치솟았다가 7주 만인 2008년 11월 2일에는 308bp를 기록했다. 중국은 같은 기간 71bp에서 164bp를 거쳐 276bp까지 올라갔고, 브라질은 201bp에서 333bp까지 상승했고 한 때 586bp를 기록했다. CDS 프리미엄은 국가의 부도 가능성을 보여주는 지표로 수치가 높을수록 국가 신용도가 나빠져 국외채권 발행 시 비용이 많이 든다. 2008년 글로벌 금융 위기 당시 우리나라와 신흥국은 부도 가능성 자체가 높았을 뿐만 아니라 시장의 움직임에 쉽게 휘둘렸다. 이번에는 다르다. CDS프리미엄 상승이 유로존의 트리플A 국가로까지 확대돼 프랑스의 CDS프리미엄은 200bp 안팎을 기록하고 일본, 영국, 독일의 경우도 이미 100bp 안팎으로 크게 올랐다. 또 대부분의 국가들이 시장의 움직임에 민감하게 반응하면서 비슷한 패턴으로 진행되고 있다. **2008년과 달리 선진국, 비선진국 할 것 없이 부도 위험에 똑같이 노출돼 있다.** 이탈리아, 그리스 등 신용불량 국가를 제외하면 주요국의 최근 CDS프리미엄 상승 속도가 2008년보다 느림에도 체감은 그때 못지않게 심각하다.

한편 한국의 CDS 프리미엄은 지난 23일 뉴욕시장에서 202bp로 프랑스의 197bp보다 5bp 높았다. 한국이 205bp로 프랑스 202bp를 추월한 22일보다 프리미엄 격차가 더 벌어졌다. 프랑스는 그리스가 파산했을 때 큰 피해를 볼 수 있다는 우려 때문에 위기 국가로 분류됐다. 지난 21일까지 프랑스의 CDS 프리미엄은 한국보다 대체로 20~30bp 높았다. 하지만 금융시장이 크게 흔들리면서 최근 한국 부도 위험이 커졌다. 최근 원·달러 환율은 3년 전 리먼브러더스 파산 당시보다 더 가파르게 올라가고 주가 폭락 사태도 그때보다 오히려 심각하다.

선진국 재정 위기에 따른 한국 경제의 충격이 예상보다 훨씬 크고 장기간 진행될 수 있다. 투자자들의 심리를 반영한 공포지수는 최근 3년 중 최고치를 기록했다. 각종 적색 신호를 보면 제2의 리먼 사태가 재현될 조짐이 사실상 현실화되고 있다[서울신문, 2011.9.26.].

세계 3대 신용평가사 스탠더드 앤드 푸어스(S&P)는 우리나라 국가신용등급을 종전 'A'로 유지하고 전망도 '안정적'(Stable)으로 유지했다. 이에 앞서 올해 무디스는 'A1' 등급을 그대로 유지했고 피치도 'A+'등급을 유지했다. 피치는 최근 신용등급 전망을 '안정적'에서 '긍정적'으로 바꾸기도 했다[기획재정부/이데일리, 2011.12.14]. 이는 과거 2008년 경제위기 당시 피치가 우리나라 신용등급 전망을 안정적에서 부정적으로 조정한 것과는 사뭇 다른 평가다. S&P는 대내적으로는 우리나라의 재정건전성과 순대외채권국으로서의 지위를 높이 평가했다. 지난 2005~08년 정부 재정수지가 지속적 흑자를 나타냈고, 지난해 정부 순부채가 GDP의 22%인 점 역시 신용 등급 유지의 근거로 꼽혔다. S&P의 이 같은 전망은 미국 일본 이탈리아 스페인 등에 대해 신용평가사들의 전망이 줄줄이 하향되고 있는 가운데 나온 것이어서 각별한 평가다. S&P는 지난 8월 미국의 국가신용등급을 강등했고 지난 5일에는 독일 프랑스 등 유로존 15개국을 부정적 관찰대상으로 지정했다. S&P 뿐만 아니라 무디스 피치 등도 우리나라 대외신인도를 높이 평가하고 있다. 무디스는 지난 9월말 재정건전성과 대외채무 감소를 긍정적으로 평가한 바 있다. 피치는 지난 11월 **재정건전성과 단기외채 축소 및 충분한 외환보유액, 중국 · 일본과의 통화스왑 등 대외건**

전성을 긍정적으로 평가해 신용등급 전망을 '긍정적'으로 조정했다. 앞으로 6개월 내에 한국의 신용등급을 한 단계 높일 수 있다는 시그널이다. 하지만, 피치는 급**증하는 가계부채, 내년 대규모 외채 만기도래 및 높은 대외의존도를, 무디스도 가계부채와 복지지출을 위험요인으로 꼽았다.**

한국과 중국 양국이 통화스와프 규모를 확대하기로 합의했다. 정부가 그동안 추진해온 금융안전망 구축작업이 사실상 완료되면서 이중 삼중의 외환시장 안전장치가 확보됐다. 한 · 중 통화스와프 규모는 700억 달러 수준으로 전해졌다. 이는 지난 19일 한일 간 정상회담에서 합의한 한 · 일 통화스와프와 같은 규모다. 중국과는 글로벌 금융위기 당시인 2008년 300억 달러 규모의 원 · 위안화 통화스와프 계약을 맺었다. 현재 260억 달러의 잔액이 남아 있다. 만기는 내년 4월이다. 한 · 일에 이어 한 · 중 통화스와프 확대로 정부의 역내 금융안전망 구축 작업이 마무리됐다. 정부는 지난 9월 글로벌 재정위기가 불거지면서 외환시장이 요동치자 시장불안을 잠재울 근본적인 해결방안으로 이를 추진해 왔다. **한 · 중 통화스와프가 700억 달러로 늘어나게 되면 정부가 유사시 사용할 수 있는 가용 외화는 △외환보유액 3034억 달러(9월 기준) △중국 및 일본과의 통화스와프 각 700억 달러 △치앙마이 이니셔티브 다자화기금(CMIM) 192억 달러 등 4626억 달러에 달한다.** 이는 한국 국내총생산(GDP)의 절반에 육박하는 수준이다. 중국도 이번 통화스와프 확대를 통해 위안화를 국제화시킬 수 있는 기회를 얻고 됐고 달러를 과도하게 보유하는 데 따른 정치적 부담도 덜 게 됐다. 중국은 전 세계에서 가장 많은 3조 달러의 외환보유액을 갖고 있어 미국으로부터 위안화 절상압력을 받고 있다. 이번에 중국이 일본과 같은 수준으로 통화스와프 규모를 확대한 것은 아시아지역에서 금융 주도권을 일본에 내주기 싫지 않는 중국의 전략에 작용한 것으로 보인다. **한 · 일 및 한 · 중 통화스와프를 통해 역내 금융안전망 구축작업이 완료됐다고 보며 국내외 시장의 불안감을 해소하는 결정적 계기가 마련된 셈이다**[한국경제신문, 2011.10.26].

한국과 일본 간 통화스와프(통화 맞교환) 규모가 700억 달러로 확대된다. 규모도 대폭 확대됐지만 무엇보다 이번 특징은 한국과 일본의 통화인 원 · 엔 맞교환은 물론 달러화를 직접 조달할 수 있다는 점이다. 한국이 통화스와프를 인출할 때 한국은 700억 달러 상당의 원화를 일본에 제공하고 일본은 300억 달러 규모의 엔화와 미 달러화 400억 달러를 제공하게 된다. 반대로 일본이 요청할 경우 우리는 300억 달러 규모의 원화와 미 달러화 400억 달러를 제공하는 구조다[경향신문, 2011.10.19]. 기존에 일본과의 통화스와프가 주로 원 · 엔 맞교환에 집중돼 달러화가 대량으로 필요할 때 엔화를 받아 환전을 해야 했다면 이제는 달러화든 엔화든 필요한 통화를 각각 400억 달러와 300억 달러 규모에서 환전 없이 조달할 수 있게 되는 셈이다. 지금까지 치앙마이 이니셔티브(CMI) 통화스와프로 한 · 일 양국이 상대편으로부터 조달할 수 있는 달러화 규모는 100억 달러 수준이었다. 양국 모두 도움이 되고 선제적이어야 하고 충분한 규모로 해야 한다는 3가지 원칙에 따라

통화스와프를 대폭 확대되는 것이 충족된 셈이다. 엔화와 달러화로 각각 인출할 수 있어 양국 모두 도움이 되는 구조가 됐다. 실제로 통화맞교환을 실행하는 것과 별개로 이번 통화스와프 확대는 그 자체로 글로벌 재정위기에 따른 시장의 불안을 완화시키는 심리적인 안전판 역할을 할 것이다. 특히 국내 외화유동성 우려가 완화되고 차입금리가 내려갈 수 있으며 국내 은행과 기업들의 경쟁여건이 나아질 수 있다. 또 국가 신용등급의 안정적 유지를 위한 토대도 한층 강화됐다. 스탠더드 앤드 푸어스(S&P)에서도 이번 통화스와프의 확대가 국가 신용등급에 도움이 되고 은행과 기업의 외화차입비용을 낮출 것으로 본다.

한·일 통화스와프 확대 소식에 이날 원·달러 환율은 1130원대로 급락했다. 원·달러 환율은 통화스와프가 700억 달러로 확대됐다는 발표가 나오자 1128.40원까지 급락했다가 저가 인식 매수세 유입으로 하락폭을 줄이면서 전날보다 13.70원 떨어진 1131.90원으로 마감했다.

국제통화기금의 재원 확충과 금융안정 감시 강화 : 주요 20개국(G20)은 글로벌 금융위기 차단을 위해 국제통화기금(IMF) 재원을 4천300억 달러 이상 확충하기로 합의했다. 이번 IMF 재원 확충에는 유로존 국가들이 2천억 달러, 일본 600억 달러, 한국과 영국의 지원 규모는 각각 150억 달러 규모로 참여키로 했다. 스웨덴과 덴마크, 노르웨이, 폴란드, 스위스 등도 총 260억 달러를 지원키로 했으며, 중국과 러시아도 다른 나라들과 함께 총 720억 달러를 보태기로 합의했다. 재원확충 방식은 IMF와 지원국 간 단기 양자차입 또는 채권인수 협약을 통해 추진되며, 필요한 경우 조기 상환을 요구할 수 있는 권한을 주기로 했다. 그러나 IMF 쿼터와 지배구조 개혁에 대해서는 지속적으로 노력하자는 원론에 그쳤다. G20 회원국들은 이번 회의에서 최근 세계 경제상황이 극단적인 위험이 발생할 가능성이 약화되고 있으나 하방 위험이 여전히 크고 아울러 여러 국가가 높은 실업률을 보이고 있다고 보고 G20의 거시 공조체제가 고용창출에 기여할 수 있는 방안을 찾고, 금융규제 개혁조치도 애초 계획에 따라 성실하게 이행하기로 했다. 또 고유가 문제와 관련, 최근 산유국들이 충분한 공급을 보장키로 약속했으며 국제유가 급등과 같은 상황이 발생하면 추가적인 조치를 취하기로 했다. **글로벌 경제 · 금융 안정을 위한 IMF의 역할과 관련, 회원국들은 환율정책, 재정, 통화, 금융정책, 글로벌 유동성, 자본이동 등과 관련된 전반적인 감시기능을 부여하자는 데도 의견을 같이했다.** 이밖에 한국을 비롯해 멕시코, 프랑스, 독일, 중국, 호주, 남아공 등은 내년 출범하는 녹색기후기금(GCF)의 구축 지원을 위한 스터디그룹을 구성하자는 데 뜻을 모았다[연합뉴스, 이승관 특파원, 2012.4.21.].

국제통화기금의 특별인출권 : 특별인출권(SDR)는 IMF가 1969년에 만든 달러·유로 등 여러 종류 화폐로 구성되는 통화 바스켓(바구니)이다. 주요 통화로 꾸러미를 만들어 외환보유액을 통합해 표시하고 관리하기 위한 것이다. 러시아, 인도, 브라질, 중국, 호주 등의 국가들은 다 함께 합세하여 달러화의 기축통화 역할에 대해 이의를 제기하고 있다. 중국은 IMF 내 자국 역할 확대를 지속적으로 주장하고 있다. 호주도 이에 동조하고 있는 형편이다. 중국은 달러의 기축통화 지위를 IMF의 SDR로 대체하기 위해 국제통화시스템 전반을 점검해야 한다고 주장한다. 이를 위해서는 SDR 할당과 사용 범위를 확대해 충분한 역할을 하도록 장치를 마련하는 것이 급선무라고 주장했다. 특별인출권의 확대 사용은 국제통화시스템을 개혁하는데 불빛 구실을 할 것이라고 주장했다[매일경제, 2009.3.25].

현재 국제통화질서가 갖고 있는 가장 큰 문제점은 외환보유액을 달러화로 운용하는 시스템이라고 주장한다[조지프 스티글리츠 컬럼비아대학교 교수]. 중국과 러시아는 한발 더 나아가 IMF가 세계화폐를 찍어내는 권한을 갖고 세계 중앙은행 역할을 담당할 것을 주장한다. 이 같은 연장선에서 중국, 러시아, 브라질, 인도 등은 IMF 내 개도국 투표권 확대해 줄 것을 강력히 요구하고 있다. 현재 IMF 내 투표권은 EU 32% 미국 17% 중국 3.7% 인도 1.9% 호주 1.5% 등으로 분포돼 있다[매일경제, 2009.3.25].

중국 통화스왑 계약		
베라루스	200억 위안	2009년 3월 1일
한국	1800억 위안	2008년 12월 12일
홍콩	2000억 위안	2008년 12월 19일
말레이시아	800억 위안	2009년 2월 8일
인도네시아	1000억 위안	2009년 3월 23일

자료 : 매일경제, 2009.3.25

국제통화체제의 재편 가능성 : 서울 G20정상회의를 계기로 기축통화 역할을 미국 달러화에서 국제통화기금(IMF)의 특별인출권(SDR)으로 대체하자는 주장이 앞으로 계속 될 것이다. 브라질은 달러화의 SDR 대체안과 멀티 통화 시스템의 도입을 주장한다. 각국의 보유외환과 국가간 금융거래를 달러화가 아닌 SDR를 기준으로 하고, 현재 달러화, 유로화, 일본 엔화, 영국 파운드화로 이루어진 SDR에 브라질 헤알화와 중국 위안화를 포함시키자고 제안한다. 이는 글로벌 무역 확대에도 기여할 것으로 주장한다. 세계 경제가 달러화에만 의존하는 현재의 글로벌 금융시스템을 개혁해야 한다. 달러화 약세가 계속되고 있는 지금이 달러화 대체안을 논의할 수 있는 적기다. 세계 질서는 다자주의로 흐르고 있다. 달러화 사용에 익숙해 있는 현재 상황을 빠른 시일 안에 바꾸기는 쉽지 않겠지만 국제통화질서의 안정을 위해 국제사회가 적극적으로 협력하여 통화의 다양화를 성공시켜야 한다[연합뉴스, 2010.11.13].

각국의 보유외환과 국가간 금융거래를 달러화가 아닌 SDR를 기준으로 하고, 현재 달러화, 유로화, 일본 엔화, 영국 파운드화로 이루어진 SDR에 브라질 헤알화와 중국 위안화를 포함시키자고 제안하고 있다. 달러화의 SDR 대체안은 달러 헤게모니를 종식시켜야 한다는 인식일 깔려 있다. 중국과 러시아도 이에 동조하고 있다. 브라질과 프랑스는 이 문제에 보다 더 적극적이며 최근 수년간 전략적 동맹을 추진하면서 그 어느 때보다 긴밀한 관계를 유지하고 있다. 브라질은 파리 G20 회의에서 달러화 대체 문제를 제기하고, 프랑스의 협력을 바탕으로 이 문제가 공론화되도록 하겠다는 의지를 밝혔다. 그러나 달러화의 SDR 대체가 실현되기 위해서는 상당한 협의와 절차가 전제된다. 달러화를 SDR로 대체하려면 IMF의 유동성을 늘리는 것과 관련한 글로벌 합의가 필요하다. 달러화 대체 방안은 결국 G20과 IMF가 내려야 할 의사 결정이 필요하기 때문에 결코 쉽지 않다.

중국은 미국 달러의 기축통화 역할을 수정하고자 하는 국제 분위기 속에서 대안을 찾으려고 모색하지만 그 방법은 것은 쉽지 않아 보인다. 달러화 중심 국제통화체제는 쉽게 붕괴될 가능성은 없다. 미국의 초국가적인 힘이 떨어지고 미국 달러화의 여건이 좋지 않더라도 달러화를 대체할 만한 통화가 출현되기 어렵기 때문이다. 기축통화가 되기 위해서는 해당 통화를 사용하는 국가 또는 지역의 경제·교역 규모가 세계 최대 수준에 이르고, 통화가치가 안정되어야 한다.

외환시장 등 전체 금융시장이 크고 잘 발달해 있는 등 여러 조건을 구비해야 한다. 그러나 유로화, 엔화, 파운드화, 위안화는 달러화를 대체하기는 아직 역부족이다. 그러나 상당한 시간이 흐르면 중장기적으로 볼 때 유로화나 위안화가 달러화를 대체해 차기 기축통화로 부상할 수 있으리란 것을 배제할 수 없다. 이것은 미래 예측에 불과하며 역시 장래 상황에 대해 단언하기는 어렵다. 유로화를 사용하는 유로 지역 15개국 국내총생산 규모는 미국과 대등하므로 유럽합중국이 정치적으로 통합된 단일연방국가로 성숙된 후 유로화가 국제통화로서 확고한 시장비중을 차지하면 기축통화 자리를 차지할 수 있을지도 모른다. 또한 일본 엔화와 중국 위안화의 사용 범위가 전 세계로 확산되고 국가적인 힘이 막강해지면 엔화와 위안화는 기축통화로서의 경쟁통화로 부상할 수 있다. 중국 경제 규모가 2030년 내지 2040년대에는 미국을 추월할 것으로 예상하므로 중국이 군사강국으로 태어나면 힘에 의한 외교를 통해 기축통화의 반열에 올라 설 수 있을지 모른다. 그 밖에도 앞으로 국제통화체제는 IMF 특별인출권이 새로운 국제통화로 탄생할 수 있다는 것을 배제할 수 없다. 장래 기축통화는 어느 나라 통화가 자리 잡을지 알 수 없다.

2008년은 20세기의 세계제국 미국의 몰락을 알리는 원년이 될 것인가? 미국은 2008년 대공황에 가까운 금융위기를 맞으면서 다시 한 번 미국의 패권에 도전을 받았다. 제2차 세계대전 이후 대영제국은 미국에 패권을 내주었다. 1905년 영국은 보아 전쟁에서 엄청난 인력과 재정의 손실을 입었고 과도한 금융산업 발전에 비해 낮은 경쟁력의 산업과 학교 경쟁력의 상실 등으로 결국 40년 뒤 미국에 패권을 넘겨주었다[아시아투데이, 2008.10.19].

최근 현재 미국과 과거 영국을 비교한다. 미국 금융의 비대화와 미국 교육시스템의 부실을 걱정한다. 금융위기와 이라크, 아프가니스탄 전쟁의 장기화, 쌍둥이 적자 누적과 달러화의 약화와 급등락, 거대금융기관의 몰락에 따른 사상최대의 공적자금 투입, 세계적인 우량기업 GM의 파산, 폭증하는 의료비 등이 미국 경제력을 약화시키고 있다. 그러나 세계는 미국의 탁월성과 초국가적 지도력을 폐기하기 어려운 궁지에 있다는 점이다. 미국 발 글로벌 금융위기에도 달러가치가 빛을 발하는 기현상이 미국의 힘을 말해준다. 세계 각국의 증시는 미국 증시를 피해 갈 수 없다. 미국 증시가 폭락하면 주요 증시들이 폭락하는 동조 현상이 위기 전이나 후나 똑 같다.

불행하게도 미국을 대체할 국가가 없다는 것도 오늘의 현실이다. 지금 세계는 영국이 1905년 미국에 넘겨주어야 할 때처럼 바통을 넘겨줄 나라가 없다. 1970년대 중반과 1990년대 초에 각각 미국을 대체할 것 같았던 유럽과 일본은 이후 성장 동력을 잃었고 버블붕괴에 시달렸다. 대타가 나올만한 잠재력을 가진 국가들이 세계무대에서 아직까지 나타나지 않고 있다. 최근 중국이 떠오르고 있지만 세계적인 패권을 쥐기에는 너무 많은 내부 약점을 안고 있다. 앞으로 많은 나라들이 미국 달러화를 대체한 대신 다른 나라 통화나 국제기구가 만든 통화를 기축통화로 사용하고자 하는 문제가 제기될 때 과연 우리나라는 어떤 입장에서 행동하고 대안을 가질 것인가? 중국은 미국 발 글로벌 금융위기를 경험한 이후 이미 기축통화체제를 달러 중심에서 벗어나 자국 통화 또는 특별인출권(SDR)을 논의하고 있다. 일본 역시 미국 발 글로벌 금융위기는 미국이 그 동안 확산시켜온 시장원리와 금융자본주의의 실패에 원인이 있다고 보고 자국 통화의 역할에 대해 암중모색하고 있다.

현재 세계경제는 당장 달러 중심의 무역결제시스템이 바뀌면 국제경제 질서가 혼란스러워지므로 어느 나라에도 득이 될 수 없다는 점을 인정하고 있다. 세계경제를 원활하게 돌아가게 하는 세계통화의 공급과 대외지불준비금 성격을 가진 외화보유 규모라는 관점에서 볼 때에도 각국이 가진 중국의 위안화와 일본의 엔화 표시 외환 보유규모는 달러화에 비해 턱없이 부족한 수준이다. 중국은 해외금융기관들이 위안화를 예치할 만큼 거래시스템이 좋지 않다는 것도 문제다. 중국의 금융기관들은 대외 경쟁력이 없고 세계적인 네트워크도 갖추어져 있지 않다. 또한 중국 경제는 아직 경제개발 초기단계이다. 중국 금융시스템은 무역수지 적자를 무릅쓰고라도 위안화를 공급할 만큼 체력이 약하다. 따라서 중국이나 일본이 기축통화를 향해 도전장을 내밀고 있지만 그 속 내용은 국제경제외교적인 전략에서 바라볼 필요가 있다. 중국이 미국 달러에 도전하는 대외적인 활동은 금융위기 진원지였던 미국을 압박하고 위기 후 세계 금융시장에서 주도권을 쥐면서 영향력을 키우자는 의도이다. 중국은 이미 자신의 통화 세력권을 확대시키기 위해 중국과 인접한 국경무역을 중심으로 위안화를 사용하고 있다. 이것은 중국 자신들이 할 수 있는 능력을 구체화하고 있다는 증거이다. 하지만 이것은 역설적으로 중국의 한계를 보여주고 있는 거나 다름없다. 또한 중국은 또한 러시아 중국, 브라질 등 브릭스 국가 및 유럽국가과 함께 달러 중심에서 벗어나 통화다각화나 경제블록화를 꾸준히 모색하고 있다.

국제통화기금(IMF)은 지금까지 시행해 온 단기유동성지원창구(SLF) 제도를 없애고 신축적 신용공여 제도(FCL)를 도입했다. 이 제도 도입으로 선진국과 통화 스와프를 체결한 국가들은 통화 스와프 대신 IMF 돈을 쉽게 사용할 수 있다. 단기유동성지원창구 제도의 이용은 나라 경제가 위태롭다는 인상을 국제사회에 주고 혹독한 조건은 많은 부작용을 유발하였지만 새 제도 도입으로 이를 피해갈 수 있게 되었다[중앙일보, 2009.3.26.]. 신축적 신용공여의 조건은, ① 국가별 대출 한도를 IMF에 출자한 금액의 다섯 배에서 무제한으로 대출한다. ② 대출 기간은 최장 9개월에서 5년으로 연장한다. ③ 이자율은 대출 금액에 따라 연 0.42~2.42%이던 것을 대출 기간 3년 이내는 0.42%, 3년 이상은 1.42%로 낮춘다. ④ 국가가 위기에 처해야 빌려주는 전제 조건을 달지 않는다. 전제 조건은 위기 예방 차원에서 빌려 쓸 수 있다. ⑤ 대출조건에서 재정 건전성, 경상수지, 금융 건전성 등은 따진다.

8. 국제통화질서와 한국의 원화

한국 원화는 세계통화가 가능한가 : 우리나라의 GDP는 세계경제에서 13위권이다. 그러나 한국의 원화는 세계경제의 관점에서 주목받지 못한 힘없는 초라한 화폐이다. 한국 돈은 세계 최고 부국인 스위스 프랑처럼 국제결재통화로서 인정받지 못하고 있다. 또한 한국경제의 규모에 걸 맞는 원화의 국제적인 역량도 키우지 못하고 있다. 한국은 정치 지정학적으로도 원화에 대한 신뢰를 얻기 힘든 상황이다. 한국은 일본과 중국, 러시아에 끼어 있다. 남북대립이 정치긴장과 정쟁 위협을 초래하고 있다. 군사 경제 외교 등의 대외적인 국가 활동에서 줄다리기를 해야 한다. 미국과 유럽과의 전통적인 관계를 계속 유지하면서 주변을 살펴야 한다. 이러한 어려운 조건은 원화의 국제화를 키우는데 커다란 애로요인이 되고 있다.

한국 원화의 국제적인 사용을 위해 중장기적인 전략을 짜야 한다. 원화의 국제화에 노력하면서 동시에 달러, 유로, 위안 화, 엔화 등의 국제통화의 역할 변화에 능동적으로 대비해야 한다. 원화의 세계화는 아시아 공동통화론, 동북아시아 공동기금, 동북아시아 공동체 형성, 남북단일통합경제체제 형성 등의 문제들과 함께 우리의 남한경제와 긴밀히 연결된 일부분으로 전략적 대응이 필요하다.

한국이 세계무대에서 적극적인 역할을 하기 위해서는 ① 넉넉한 외환보유규모이고 ② 국가경쟁력과 기업경쟁력이 뒷받침된 탄탄한 외화벌이 기반이다. 한국 원화가 국제통화 역할을 하지 못하는 이상 한국은 지속적으로 외환보유를 축적할 수 있는 역량을 확보하고 외환보유 규모를 넉넉히 가져야 한다. 한국은행의 외환보유액은 2011년 7월 말 3천110억3천만 달러에 달한다. 이 가운데 금의 비중은 0.4%인 13억2천만 달러로 증가했다. 이로 인해 전 세계 중앙은행(IMF 등 국제기구 포함)의 금 보유 순위에서도 56위에서 45위로 11단계 상승했다 [World Gold Council].

한국은행은 국제 금시장에 미치는 영향을 최소화하기 위하여 올 6~7월중 분산 매입했다. 그동안 외환보유액 규모가 금 보유 규모를 늘릴 여유가 없었고 외환정책의 우선순위를 유동성 확보에 두면서 금을 매입하지 못했지만 올해 들어 외환보유액이 3천억 달러를 웃돌고 국내 외환시장도 안정된 모습을 보이는 등 금 보유 확대 여건이 개선되면서 금 보유량을 늘리게 됐다. 여기에는 외환보유액의 투자다변화와 안전자산으로서의 금의 가치와 외환 안전판으로서의 신뢰도 제고 등이 고려되었다. 그러나 최근 금값이 최고수준을 갱신하고 있을 때 왜 이 때 금을 매입했느냐는 지적이 있다. 이에 대해 한은은 최근 금 가격이 사상최고치 수준으로 상승하고 있지만 장기보유이기 때문에 단기적인 가격변동보다는 매입필요성이나 매입여력이 보다 중요한 판단요소로 작용해 금 매입에 나섰다고 변명한다. 향후 금의 추가매입 여부에 대해서는 시장에 미치는 영향을 고려해 언급을 피했다.

전체 외환보유액에서 금이 차지하는 비중이 작기(0.4%) 때문에 금 가격 변동이 외환보유액 전체에 미치는 영향은 미미할 것으로 판단했다. **금 보유량 확대는 인플레이션 발생 시와 미국 달러화의 약세로 금 가격 상승 시, 외환보유액의 가치를 보전하고, 외환보유의 분산투자에 의한 투자효율성도 제고하는 등의 장점이 있다. 반면 이자나 배당소득이 없기 때문에 금 보유에 따른 기회비용이 발생하는 단점도 있다.** 한편 금년 1/4분기 전 세계 금 수요는 981톤으로 전년 동기 대비 11% 증가(가격 기준으로는 314억 달러에서 437억 달러로 약 40% 증가)했다(World Gold Council 자료, 2011년 5월). 이는 금 가격 상승에도 불구하고 전체 수요의 절반 이상을 차지하는 장신구 수요가 최대 소비처인 인도와 중국의 수요증가 때문이다.

우리나라 외환보유액이 2011년 8월 말 현재 3122억 달러로 사상 최대치를 도달했다. 8월말 현재 우리나라 외환보유액은 3121억9000

만 달러로 전월 말 대비 11억6000만 달러 늘었다. 이처럼 외환보유액이 늘어난 것은 외화자산 운용수익이 증가했기 때문이다. 한은 보유 유가증권 규모는 2798억4000만 달러로 45억7000만 달러 늘어난 반면 예치금은 252억4000만 달러로 34억3000만 달러 줄었다. SDR과 IMF포지션은 각각 36억1000만 달러, 21억8000만 달러로 전월보다 2000만 달러, 1000만 달러 늘었다. 한편 **우리나라 외환보유액 규모는 7월을 기준으로 7위를 차지해 변동이 없었다. 중국이 3억1975만 달러로 1위를 유지했고 일본(1억1509만 달러), 러시아(5339만 달러), 대만(4008만 달러) 등이 뒤를 이었다**[한국은행, 이데일리, 2011.9.2].

2011년 9월 외환보유액은 3033억8000만 달러였다. 그러나 급락한 원화가치를 지키느라 3000억 달러가 깨졌을 것이란 시장의 우려가 시장은 많았다. 불안감은 여전하다. 전달에 비해 88억1000만 달러가 줄었기 때문이다. 이는 리먼브러더스 사태 때인 2008년 11월 한 달 새 117억5000만 달러 감소 이후 2년10개월 만에 가장 많이 줄어든 것이다[중앙일보, 2011.10.6.]. 통화당국은 유로화와 파운드화 가치가 떨어지면서 이들 통화표시자산의 달러화 환산액이 크게 줄었기 때문이라고 설명하고 있다. 이 기간 유로화와 파운드화는 각각 6.8%, 4.1% 절하됐기 때문이다. 그러나 이것만으론 설명이 부족하다. 주요 통화의 가치가 비슷한 수준으로 떨어졌던 지난해 11월엔 외환보유액이 31억 달러만 줄었다.

시장에서 외환당국의 개입이 외환보유액 감소에 더 크게 작용한 것으로 보는 이유다. 당국도 환율이 주요 원인이기는 하지만 미세조정(스무딩 오퍼레이션)과 국제기구 간 거래 등도 영향을 미쳤다고 시인하고 있다. 외환당국은 추석 전후 원화가치가 급락하며 달러 당 1200원 선을 위협하자 구두개입뿐 아니라 실제로 미세조정에 나섰을 것으로 추정한다. 외환시장은 외환당국이 100억 달러 이상을 내다팔았을 것으로 본다.

외환당국은 3000억 달러 지키기에 큰 의미를 두지 않겠다는 쪽이다. 그러나 시장에서 3000억 달러가 심리적 마지노선으로 여겨진다는 게 문제이다. 최근 환율은 글로벌 달러 강세에 따라 움직이는 것인 만큼 당국이 무리하게 3000억 달러를 깨가면서 개입하지 않을 것으로 본다. 소규모 개방경제인 우리나라는 외화 자금 입출이 급격하게 일어날 수 있는 점을 고려할 때 외환보유액의 적정 규모를 말하기 어렵다. 달러뿐만 아니라 엔 · 유로 · 위안화나 금 등으로 외환 구성을 다양화해야 한다[중앙일보, 2011.10.6].

국내 외환시장은 국내외 증시 급등락과 해외 쇼크에 따라 심하게 출렁거리고 하루의 환율도 요동친다. 환율이 급 등락할 때 마다 관계 당국이 어쩔 수 없이 시장개입에 나서면서 외화보유액을 일시에 소진되고 그렇게 되면 외화유동성 문제가 불거지면서 경제 불안과 금융 위기를 야기한다. 이러한 상황 속에서 근래 국내은행의 외화유

동성 문제가 불거진다. 국내은행의 외화유동성은 지난 2008년에 비하면 양호한 것으로 알려지고 있다. 6월과 비교해 9월 현재 외화 여유자금은 4배 정도로 많아졌다. 또한 현재 외화차입 금리가 부담이 되는 수준이긴 하지만 약간의 스프레드(가산금리)를 얹어주면 장기든 단기든 차입하는 데 큰 문제가 없다. 국내 은행은 위기 시 언제든지 현금화할 수 있는 외화 여유자금을 충분히 확보했고 커미티드 라인[2]도 약정 기준으로 40억 달러를 확보했다[금융위원회, 파이낸셜뉴스, 2011.9.28].

그뿐만 아니다. 정책금융기관들도 외자 조달을 위해 다각적인 채널을 가동하고 있다. 정책금융공사는 호주에 중기채권(MTN) 프로그램을 설정하는 등 캥거루본드[3]발행을 추진하고 있다. MTN프로그램이란 채권의 차입한도와 기간을 사전에 설정하고 그 범위 안에서 채권을 수시로 발행할 수 있도록 하는 것이다. 앞서 공사는 2억1000만 달러 규모의 스위스 프랑화 채권과 3억9000만 달러 규모의 사무라이본드[4]도 발행한 바 있다. 최근 정책금융공사뿐 아니라 수출입은행, 산업은행 등 정책금융기관들이 유동성이 풍부한 아시아 지역에서 잇따라 채권을 발행하고 있다. 이는 채권 발행 후 엔, 호주달러 등을 미국 달러로 바꾸는 스와프 수수료를 고려하더라도 달러 채권을 발행

2) 마이너스통장 성격의 단기외화 차입
3) 외국 금융기관이 호주달러로 발행하는 채권
4) 엔화표시 채권

할 때보다 조달금리가 낮은 조건 때문이다. 가장 중요한 문제는 장기적으로 글로벌 자금시장 상황이 악화될 경우이다. 따라서 은행들의 선제적인 유동성 확보 문제이다. 금융기관은 외화유동성 확보에 노력하고 관계당국은 외화유동성 현황과 차입여건 등을 밀착 점검하는 것이다. 문제는 정책금융공사가 외화조달 창구 노릇을 하고 있는 점이다. 정책금융공사의 제 활동에 충실하고 가까운 시일 내에 정책금융을 청산해 금융기관을 소멸시켜야 하는데 어려운 시기를 틈타 활동업무를 확대하는 것은 아닌지 우려된다. 다시 제2의 산업은행이 탄생하는 것은 아닌지 우려스럽다.

한국의 외환보유액과 환율 : 외환보유액 규모는 2009년 6월말 현재 2317억3000만 달러이다. 외환보유액이 늘어나는 요인으로는 운용수익 증가, 외화유동성자금 만기도래분 자금 회수, 유로화 및 영국 파운드화 등의 강세로 인한 이들 통화자산의 미 달러화 환산액 증가 등이다. 우리나라의 외환보유액 규모는 2009년 4월말 현재 기준으로 세계 6위 수준이다.

각국 외환보유액 규모				
중국	일본	러시아	대만	인도
1조9537억 달러	1조240억 달러	4042억 달러	3126억 달러	2623억 달러

외환보유액은 2008년 4월부터 7개월 연속 감소세였다. 10월 한 달 사이 사상 최대 폭으로 감소했다. 감소 원인으로는 ① 보유 외환을 외환시장 안정용 사용 : 국내 외화자금시장의 불안을 완화하기 위해 외환당국의 외화유동성 공급을 대폭 확대 동원 9월, 11월 등 외환시장 안정 목적 보유 외환 투입 ② 달라 이외의 표시 외화자산의 가치가 해당 통화가치의 하락으로 감소 : 유로, 파운드화 등의 약세로 이들 통화 표시자산의 미국 달러화 환산액 감소, 달러 강세로 유로나 파운드화가 약세를 보이면 우리나라 보유 외환자산 가치가 떨어지므로 그만큼 외환보유액이 감소된다. 이것은 달러를 사용할 수 있는 규모는 감소시킨다. **외환보유액이 변동했다는 정보는 외환시장에 즉각 영향을 미친다. 외환보유액이 감소했다는 정보는 외화유동성 불안을 고조시킨다.** 그러한 소식으로 스왑 시장에서 통화스왑(CRS) 금리가 사상 처음으로 마이너스 수준으로 떨어졌다. 미국 발 금융위기가 가동되기 시작한 2008년 11월 4일 1년 물 CRS 금리는 장중 한때 전날보다 50bp 떨어진 -0.3%에 거래됐다. CRS가 마이너스라는 것은 통화 스왑 거래에서 달러를 빌리면서 리보[5]를 제공할 뿐만 아니라 원화를 맡기면서도 이자를 제공하는 것이다. 그만큼 달러 빌리기가 어렵다는 것을 의미한다. 이 때문에 이날 원화 값도 하루 만에 하락세로 반전됐다. 원화가치는 전날보다 달러 당 26원 급락한 1288원을 기록했다. 이날 CRS가 마이너스로 체결된 건 일시적인 현상으로 관측하였다.

---

5) 런던 은행 간 금리

정부는 적정 외환보유액을 2100억 달러 선으로 본다. 외환시장 상황이 11월 들어서 크게 달라졌지만 심리적 마지노선인 외환보유액 2100억 달러 선에 근접했다는 것은 우려를 낳았을 것으로 본다. 경상수지가 10월부터 소폭 흑자로 돌아서면 원화도 탄력을 받고 외환보유액도 한은의 매주 경쟁 입찰 방식으로 스왑 시장에 공급하고 있는 달러 자금도 3개월 후 다시 돌아오므로 단기간 외환보유액이 줄겠지만 다시 제자리를 찾을 것으로 본다. 정부가 은행 시스템 위기를 재빨리 대응하고 있고 미국과의 300억 달러 통화 스왑, 1000억 달러 규모 은행지급 보증 등의 수행이 어느 정도 금융안정을 가져왔다. 그러나 여전히 외화수요가 큰 것이 잠재적인 위협요인이었다[피치 국가신용평가, 매일경제, 2008. 11.11]. 2009년 예상되는 한국에 대한 투자회수가 총 350억 달러에다 단기 유동외채가 1760억 달러에 달하고 있어 외환보유액 2120억 달러 수준으로는 여전히 불충분한 불안요인이었다[피치 국가신용평가, 매일경제, 2008.11.11].

한국정부의 환율정책 : 한국의 원화가치는 최근 절상에도 불구하고 금융위기 이전보다 여전히 낮은 수준이다. 한국의 실질환율은 10% 가량 저평가되어 있다. 원화가 추가로 절상되면 수입상품 가격이 소비자물가로 전이되는 것을 제한하는 데 도움이 된다. 또한 양방향 환율 유연성(two-way flexibility)의 증대가 통화 긴축을 돕는 역할을 할 수 있다. 풍부한 글로벌 유동성, 견고한 성장 등으로 포트폴리오 투자 관련 자본유입이 증가했다. 그러나 은행의 단기외채는 위기 이전보다 적은 수준이다. 3월 현재 한국의 외환보유액은 단기외채의 150% 가량 된다. 하지만 외화보유액의 추가적인 축적이 필요한지는 명확하지 않다. 2011년 한국의 국내총생산(GDP)이 1천269조원으로 작년 대비 4.5% 성장할 것이다. 내년 성장률은 4.2%, 2013년 4.2%, 2014~2016년엔 매년 4.0%를 각각 기록할 것이다. 물가상승률은 총수요 압력과 식료품과 에너지 가격 상승 등으로 한국은행의 목표치를 웃돌았으며 올해 4.3% 상승할 것이다. 내년 소비자물가는 전년 대비 3.6% 오를 것이다.

한국의 수출이 중국 등 신흥국 성장세로 증가하고 있지만 유가 상승 등에 따른 수입증가로 올해 흑자규모는 전년(282억 달러)보다 절반 이하로 준 132억 달러, 내년엔 130억 달러로 전망했다. **한국 경제가 수출이라는 단일 성장 동력이 의지하고 있어 외부 충격에 취약하고 양극화가 심화되고 있다. 가장 시급한 과제는 비교역 부문(notradable sector)의 활성화가 필요하다. 재정정책기조는 중립적이나 통화정책은 금리 인상에도 불구하고 여전히 확장적인 수준이다**[국제통화기금(IMF), 재경일보, 2011.8.5].

국내은행의 외화조달과 외환보유액 활용 문제 : 강만수 산은금융지주 회장은 10월 초 국정감사에서 은행들의 외화조달 어려움을 해결하기 위해 외환보유액을 활용하자는 아이디어를 내놓아 금융권 안팎의 비상한 관심을 모았다. 이 때 그의 발언은 사실상 외환보유액을 헐어 은행을 지원하자는 의미로 해석됐다. 강 회장은 이에 대해 "글로벌 금융위기 장기화를 대비해 국내은행과 한국은행이 300억 ~

500억 달러 규모의 커미티드라인을 설정해 언론에 공표하면 국내은행들의 해외차입 협상력이 강화될 것이라는 의미로 발언한 것"이라고 해명했다. 한국은 경제협력개발기구(OECD) 국가 중 가장 건전하다는 평가를 받고 있음에도 많은 국내은행들이 외국은행에 달러가 높은 가산금리를 무는 현실을 바꿔보자는 취지로 한 발언이라는 설명이다. 급할 때 마이너스통장처럼 사용할 수 있는 커미티드라인만 설정해도 국내은행이 외국은행을 상대로 외화를 차입할 때 훨씬 유리한 위치에 설 수 있다는 게 강 회장의 생각이다. 강 회장은 그러나 기본적으로 외환보유고는 위기상황을 대비한 것이며 현재의 위기상황은 상당기간 지속될 것으로 본다면 외환보유액은 사실상 위기 시에 사용해야한다는 데 이견이 없음을 내비쳤다[이데일리 송이라 기자].

2011년 9월 말 외환시장과 주식시장 상황 : 23일 서울 외환시장은 개장하자마자 환율이 15원이나 급등해 1195원으로 시작했다. 1200원을 넘는 것은 시간문제였다. 그런데 개장 후 단 1분 만에 환율은 예상 밖으로 45원이나 곤두박질치며 1150원으로 떨어졌다. 이는 달러 사자 주문을 모두 흡수하고도 남을 만큼의 대량 주문이었다. **외환당국이 환율 급등을 막기 위해 개장하자마자 외환시장에 개입했던 것이다. 외환당국이 달러를 대량으로 매각하자 달러 값이 급락하며 환율도 크게 떨어졌다. 이번 시장 개입은 3년 만이다. 그만큼 미국과 유럽 발 대외 악재로 초래된 한국 금융시장의 위기가 만만치 않음을 예고하는 것이기도 했다.** 그런데도 외환당국이 45원이나 끌어내린 환율은 불과 1시간 만에 1190원대로 되돌아갔다. 외환당국은 3~4차례 잔 펀치를 날리다 장 마감 5분전에 다시 오후 2시 55분 1194원에서 또다시 달러 매물을 쏟아내 환율은 전날보다 13.8원 떨어진 1166.0원에 거래를 마쳤다. 시장에선 외환당국이 하루 동안 40억~50억 달러를 쏟아 부은 것으로 추정했다. 이날 전체 외환거래량 100억 달러의 절반에 달했다. **글로벌 금융위기가 진행되던 2008년 7월 9일 외환당국이 점심시간에 40억 달러 매도 물량을 쏟아 부은 이후 3년 만에 다시 등장한 초대형 시장 개입이었다.**

기획재정부는 이날 오전 수출 대기업 재무담당 임원들을 과천 정부종합청사로 긴급 소집, 보유하고 있는 달러를 매도해 줄 것을 주문하는 등 전방위 환율 방어에 나섰다. 정부는 환율 1200원 선을 마지노선으로 지키려고 하는 것으로 시장은 보고 있다. 하지만 유럽 발 금융위기가 계속되고 전 세계적으로 달러 가뭄이 벌어지는 상황에서 외환당국이 환율 방어에 성공할지는 미지수다. 외국인 투자자들은 이날도 서울 증시에서 6800억 원어치를 팔았다. 외환당국은 큰 흐름을 무시한 채 투기 세력과 힘겨루기를 하다가 외환보유액만 낭비할 수도 있다. 3년 전 외환 당국이 개입했을 때에도 환율은 한 달 만에 원상 복귀됐다[재경일보, 2011.9.24].

최근의 달러 강세는 신흥국 공통의 현상이다. 8월부터 9월 22일까지 브라질(26.7%) · 인도(12.2%) · 대만(5.6%) 등 주요 신흥국 통화들이 일제히 가치가 하락했다. 원화는 같은 기간 12.0%의 가치가 떨어졌다. 어려워진 선진국들이 신흥국에 투자한 자금을 일시에 빼고 있기 때문이다. 이를 해결하기 위한 가장 좋은 지름길은 국제 공조를 이끌어 내는 길 밖에 없다는 것, 한국과 국민들은 힘없는 신세로 정부를 눈여겨 볼 뿐이다. 환율 급등락이 국제무대의 자금회전을 빙빙 돌리고 있다. **세계자금의 회전은 다시 환율 변동의 급속한 변동을 초래하고 있다. 뒤이어서 나타난 국제 유동성 자금의 흐름과 각국의 환율 변동은 실물경제를 강타하고 있다.** 힘없는 개도국과 신흥국들은 국제여건에 따라 춤추는 연극을 펼치고 있다. 신흥국은 위기를 몰고 오는 구미 선진국에 해결을 찾자고 구걸하고 있다. 한국은 열심히 뛰고 있는 모습인데 누구를 위해 뛰고 있는가? 외환시장에서 당국이 뛰는 모습은 불안하기 그지없다.

외환시장 개입정책과 외화보유고 : 우리나라 외환 보유고 3000억 달러 선이 무너진 것으로 추정된다. 우리나라 외환 보유고는 8월 말 기준 3122억 달러였다. 외환 당국은 급등하는 환율 방어를 위해 추석 연후 이후 150억~200억 달러를 시장에 투입한 것으로 본다. 외환 당국은 연휴 직후인 14일부터 23일까지 8거래일 동안 하루 평균 20억 달러를 시중에 공급했다. 특히 환율 1200원 선 돌파를 목전에 뒀던 지난 23일에는 서울외환시장 마감을 불과 3분 남겨놓고 50억 달러의 대대적인 물량 공세를 통해 환율을 28원이나 끌어내렸다. 3122억 달러인 외환 보유고가 수익 등 다른 요인을 감안하지 않고 달러 공급만 감안하면 2922억~2972억 달러로 줄어들었을 것으로 추정한다. 3000억 달러 돌파 5개월 만에 다시 2000억 달러대로 내려앉는 셈이다[서울신문, 2011.9.26].

외환당국은 앞으로 환율 급등 시 추가로 물량 공세를 벌일 것으로 예상된다. 리먼브러더스 사태 당시인 2008년 4분기에 3개월 동안 사라진 달러는 380억 달러였다. 한국의 경우, 비상상황을 대비한 외환보유고의 심리적 마지노선을 2000억 달러로 볼 때 심리적 마지노선까지는 앞으로 922억~972억 달러가 남는 셈이 된다. 여기다 외국인들은 이달 들어 달러 확보를 위해 1조 8000억 원가량을 주식시장에서 순매도했다. 각국과 금융기관들의 달러 확보 전쟁이 가중돼 외국인들의 주식 및 채권 매도 러시가 일어날 경우 외환 보유고가 마냥 버팀목 역할을 하기 어려울 수 있다. 외국인들이 우리나라에 투자한 자금의 20%를 회수할 경우까지 대비하려면 3848억 달러까지 외환 보유고를 늘려야 할 것으로 추정한 876억~926억 달러가 추가로 필요하다는 이야기이다. 또한 외환 당국의 환율 방어에 대해서도 부정적인 반응이다. **환율을 어느 선까지 방어해야 하는지도 불분명한 상황이고 초단기에 많은 달러를 쏟아 붓는 것도 우리 경제에 적절치 않을 수 있다. 2008년 금융위기에도 당국이 개입하다가 안 돼 결국 손을 놨는데 지금 개입 역시 외환 보유고만 축내는 꼴이 될 수 있기 때문이다.** 외환 당국의 개입이 초단기적으로는 충격을 완화하겠지만 무리해 특정 환율수준 예를 들면 1200원 선을 반드시 지켜야 할 필요는 없다. 감내할 수 있다면 견딜 수 있는 데까지 지켜보다가 최악의 상황에서 전격적으로 개입하는 것이 오히려 바람직한 전략일 수 있다. 물가와 실물경제 경쟁력을 확보할 수 있는 저지환율수준이 적어도 1300원 선이라고 당국자가 생각한다면 그 때까지 다양한 다른 전략을 구사하는 것이 좋을 수도 있다.

외환시장 개입방식 : 2011년 초중반 들어서 정부의 외환시장 개입은 잦았다. 그러나 빈도수가 잦은 외환시장 개입은 오히려 시장 참여자들에게 위험 신호를 줘 역효과를 초래할 수 있다. 그 동안 외환당국이 행한 외환시장 개입 방식은 알 박기 개입, 스무딩 오퍼레이션(미세조정), 손절매 유도 등 크게 3가지였다. **알 박기 개입은 특정 환율 대에 대규모 주문을 걸어놓고 이 환율대를 사수하겠다는 의지를 강력하게 표명하는 방법이다.** 지난해 당국이 원·달러 환율 1,100원을 사수할 때 자주 사용됐다. **스무딩 오퍼레이션은 당국이 장중 달러를 꾸준히 사들이거나 파는 방식으로 시장에 충격을 주지 않고 환율을 관리하는 방식이다. 손절매 유도는 가장 공격적인 시장 개입 방식이다.** 시장 참여자들이 한쪽 방향으로 쏠릴 때 반대 방향으로 대규모 매도나 매수를 단행해 참여자들의 항복 즉 손절매를 유도하는 방법이다. 손절매 유도방식의 대표적인 사례는 2011년 9월 23일 장중 환율이 1,200원을 넘봤다가 당국의 대규모 개입으로 1,166.0원까지 급락할 때 사용했던 일이다. 이러한 당국의 외환시장 개입은 양날의 칼이다. 당국은 막대한 외환시장을 무기로 외환시장에 강력한 영향력을

행사할 수 있지만, 그 개입이 지나치게 빈번하게 이뤄지면 오히려 환율이 급등할 가능성이 높다는 시장 참여자들의 판단으로 유도하는 역효과를 불러 올 수 있다는 것이다.

가장 좋은 본보기는 지난 2008년 금융위기 당시 7~8월 150억 달러의 외환보유고를 소진하며 환율 방어에 온 힘을 쏟았지만, 결국 원·달러 환율은 급등해 같은 해 11월 1,500원선까지 돌파했었다. 당국이 매일 같이 달러 매도 개입에 나서고 이것이 연일 언론에서 이슈로 부각되면, 오히려 당국의 외환시장 장악력이 크게 떨어지고 시장 방어에 어려움을 겪고 있다는 신호로 받아들여질 수 있다는 것이다. 당국은 외환시장의 다양한 이해관계자들의 처지를 십분 고려해 외환시장 개입에 더욱 신중을 가함으로써 선의의 피해자를 최소화할 수 있도록 해야 한다. **외환시장 개입은 전체 금융시장과 실물시장은 물론 이해관계당사자에게 직접적으로 영향을 미치기 때문에 그야말로 신중하게 그러나 효과적으로 이루어져야 당국의 개입 실패를 최소화 할 수 있다**[연합뉴스, 2011.10.5.].

9. 한국, 일본, 중국 그리고 기축통화국가

한국과 일본의 국가부도 위험 : 한국과 일본의 국가부도 위험이 근접하고 있다. 일본의 신용부도 스와프(CDS) 프리미엄은 1.18%로 한국 1.36%과 0.18%포인트 차를 보이고 있다[2012년 2월 8일 기준]. 한국과 일본의 CDS 프리미엄 차이는 지난해 9월 말 0.73%포인트에서 올해 1월 말 0.12%포인트까지 좁혀졌다가 이달 들어 소폭 벌어졌다. 지난달 말 격차는 작년 3월11일 일본 대지진 발생 이후 한때 일본의 CDS 프리미엄이 한국을 웃돈 뒤 가장 근접한 수준이다. 지난해 3월16일 일본의 CDS 프리미엄은 1.18%까지 치솟아 한국(1.05%)을 추월했다. **양국 간 CDS 프리미엄 격차가 좁혀진 것은 일본의 재정 악화에서 비롯됐다.** 지난 CDS 프리미엄을 살펴보면 한국은 작년 11월 말과 올 1월 말 모두 1.50%를 기록한 데 비해 일본은 1.27%에서 1.38%로 올랐다. 이 기간 국내총생산(GDP) 대비 국가채무 비율 200%를 웃도는 일본의 재정상황이 우려되면서 국가 신용등급 강등이 경고된 데다 31년 만에 무역수지가 적자로 전환돼 국가신용도가 떨어진 데 따른 것이다[세계일보, 2012.2.10./국제금융센터].

일반적으로 CDS 프리미엄은 국가 신용등급이 낮을수록, 채권 발행 규모가 클수록 높아진다. 이런 기초여건에 현재 재무상태가 추가 변수로 작용해 등락한다. 따라서 국가 신용등급이 높다고 해서 반드시 CDS 프리미엄이 낮은 것은 아니다. 유럽 재정위기에 휘말린 프랑스는 무디스 기준으로 최상위 등급인 'Aaa'로 평가받고 있지만 1월 말 현재 CDS 프리미엄은 1.82%로 4단계 아래인 한국(A1)보다 훨씬 높다. CDS 프리미엄은 경제위기에 급등하는데, **한국은 금융위기가 한창이던 2008년 10월27일 6.99%까지 치솟아 역대 최대치를 기록한 바 있다.** CDS(Credit Default Swap)란 채권 투자자들이 이를 발행한 국가나 기업의 부도로 원금을 잃을 위험에 대비해 드는 일종의 보험이다. 투자자는 금융회사에서 CDS를 사면서 수수료 성격의 프리미엄을 낸다. 부도 시 원금을 돌려받게 된다. 부도 위험이 클수록 프리미엄이 올라 채권을 발행하는 쪽에서는 자금조달 비용이 커진다.

기축통화국과 비기축통화국의 재정적자 : **미국의 재정적자는 2011년 1조2990달러로 사상 두 번째로 많은 재정적자를 기록했다.** 지난달 재정적자가 646억 달러 증가했다. 이에 따라 2011회계연도(2010년10월~2011년9월) 전체 누적적자액은 1조2990억 달러에 이른다. 이는 회계연도 기준으로 사상 두 번째 많은 재정적자 규모로 전 회계연도의 적자액(1조2940억 달러)보다 0.4% 증가한 것이다. 지금까지 기록된 사상 최고의 재정적자는 2009회계연도의 1조4200억 달러였다. 2011회계연도의 재정적자 규모는 국내총생산(GDP) 대비 8.7%로 전

회계연도의 9.0%에 비해서는 약간 줄어들었지만 국가파산위기에 직면한 유럽 국가들보다 더 심각하다. 달러 기축통화국가라는 이유로 상대적으로 안전할 뿐 실제 재정상황은 매우 불안정하다. 미 의회는 재정적자 감축을 위해 향후 10년간 1조5000억 달러의 지출 삭감할 계획이다. **기축통화국의 재정적자 문제는 세계경제 및 자국 국내경제에 미치는 거시경제 및 금융시장에 미치는 효과뿐만 아니라 기타 여러 측면에서 엄청나게 다르다. 달러 기축통화국은 비기축통화국에 비해 상대적으로 국내외 경제적으로 안전할 뿐만 아니라 실제 재정상황이 심각하게 불안정한 상태라 하더라도 국내에 미치는 파장이 적다**[경향신문, 2011.10.16].

중국의 외환보유고 활용 : **중국은 외환보유를 이용해 전 세계 M&A 시장에 뛰어들었다.** 중국은 미국 투자기업인 블랙스톤에 30억 달러 어치의 지분을 매입했다. 국가개발은행이 ABN인수전과 관련해 최근 98억 유로 투자계획을 밝혔다. 인민은행의 외환보유액이 눈 덩이처럼 불어나고 있다. 중국 최대 공상은행은 인도네시아 할렘은행 지분 90%을 매입했다. 중국 2위의 중국은행은 싱가포르 비행기 리스회사(SALE)를 인수했다. 중국 3위 건설은행은 뱅크오브아메리카(BoA)의 홍콩, 마카오 지점 17개를 인수했다. 이런 가운데 초상은행, 건설은행, 민생은행이 외국은행 인수를 추진하고 있다. 중국에 필요한 외환보유액은 7000억 달러이며 나머지 초과 외환보유액 6323억 달러(579조원, 2007년 6월 말 기준)는 고수익자산에 투자돼야 한다고 말한다

[중국 감독위원회 부주석]. **중국은 초과 외환보유액 중 16.5%만 가지고도 삼성전자를 인수할 수 있다. 초과 외환보유액 중 5%만 사용해도 국민은행 지분 100%를 사들일 수 있다**[매일경제, 2007.7.25].

중국공상은행(ICBC)은 주가상승 덕분에 씨티그룹을 제치고 시가총액 기준으로 세계 1위의 기업으로 깜짝 도약했다. 그러나 중국공상은행(ICBC)의 총자산규모는 씨티와 HSBC은행의 절반 수준이며 매출액 규모는 5분의1 수준 밖에 안 된다. 공상은행의 약진은 중국 증시의 과열을 의미하는 징후에 불과하다[매일경제, 2007.7.25.]. 중국 국제금융의 발판은 홍콩이 교두보 역할을 주도하고 있다. 건설은행(2005.10 상장), 중국은행(2006.6 상장), 공상은행(2006.10, 상장)이 홍콩증시에 상장함으로서 중국 자금조달의 창구 역할을 수행하고 중국 금융 산업 성장의 지렛대 역할을 수행하고 있다. 1조3000억 달러가 넘는 막대한 외환보유고 바탕으로 세계 인수 합병시장에 뛰어들고 있다. 중국 국영은행들은 홍콩증시 상장을 통해 막대한 자본을 확충하였고 재무구조와 국제적 인지도를 개선해 국제적 위상을 높이는 계기로 삼고 있다. 중국 본토의 넘치는 차이나 머니를 외부로 빼내는 투자처 기능도 하고 있다[매일경제, 2007.7.27].

미국과 유럽은 2조5000억 달러에 달하는 신흥경제국 국부펀드(sovereign wealth fund)가 자국 기간산업을 매수할 수 있는 가능성에 대비, 견제하려는 움직임을 보였다. 국제금융시장에 급격히 영향을 미치는 점을 감안하여 현재 국부펀드 회계정보와 투자목적 명시 부족에 따른 투명성 결여에 초점을 맞추었다. 미국 증권거래위원회와 재무부, 연방준비제도이사회는 공동으로 국부펀드에 대해 규제 방안을 검토했다. 미국 정부는 국제통화기금과 세계은행 등 국제기구에 가이드라인 제정을 요청했다[매일경제, 2007.8.2].

그리스 국가 재정적자와 프랑스 3대 은행의 신용등급 강등 : 이번 주 중반에 그리스 채무에 많이 노출돼 있는 프랑스 3대 은행, BNP 파리바와 소시에테 제네럴, 크레디 아그리콜의 신용등급이 강등될지 모른다. BNP 파리바와 소시에테 제네럴 은행의 현재 신용등급은 Aa2이며, 크레디 아그리콜은 Aa1이다. 이들 은행은 그리스에 많은 자금이 물려 있어 신용등급 하향 조정을 검토되고 있다. BNP 파리바 은행은 그리스에 현지은행을 두고 있지는 않지만 50억 유로 규모의 국채에 투자한 상태이며, 소시에테 제네럴 은행은 그리스 현지은행을 통해 25억 유로의 국채를 투자하고 있다. 크레디 아그리콜 은행은 그리스에 '엠포리키 은행'을 운영하고 있는데, 엠포리키 은행은 6월초 무디스에 의해 신용등급이 강등됐다[블룸버그통신, 연합뉴스, 2011.9.11].

글로벌 자금의 일본 국채 매입 이동 : 유럽과 미국의 재정불안 사태가 이어지면서 글로벌 자금이 일본 국채 쪽으로 몰리고 있다. 지난 6월 말 현재 외국인 투자자의 일본 국채 보유액은 66조8600억 엔(약 1034조원)에 달했다. 사상 최대였던 2008년 9월의 67조7000억 엔(1047조엔)에 근접한 금액이다. 이는 일본 국채발행 잔액(901조엔)의

7.4%에 해당하는 것으로 1년 전의 6%에 비해 크게 늘어났다[경향신문, 2011.9.22, 일본은행]. 해외 투자자의 일본 국채 매입 증가는 6월 말 현재 세계 각국의 외화보유액 총액이 10조 달러를 돌파하면서 중국 등 신흥국의 자금이 일본 국채로 유입됐기 때문이다. **중국 등 신흥국의 외환보유액이 급증하고 있으나 주된 운용처였던 미 국채시장은 14조 달러 규모에 불과하다. 또 미국과 유럽의 재정불안으로 리스크 분산을 위해 일본 국채를 사려는 자금도 늘어났다. 한편 세계적인 경기·금융 불안 속에 안전자산인 금의 매력이 치솟으면서 유럽의 중앙은행들이 1985년 이후 26년 만에 금에 대해 순매수로 돌아섰다. 신흥국 중앙은행들도 금 보유량을 늘리고 있다.** 이에 힘입어 금 국제가격은 올들어 25% 상승했다. 미국 국채는 올 들어 해외 투자자들이 매도세를 보이고 있지만 중국은 지난 7월까지 4개월 연속 286억 달러를 매입하며 보유 비중을 늘리고 있다.

글로벌 신용경색 리스크 확대 : 유럽의 채무 위기가 여전한 가운데 미국을 비롯한 글로벌 경제의 침체 양상은 글로벌 신용경색 리스크에 대한 우려를 확대시켰다. 실제로 이를 반영하듯 한국의 신용부도스와프(CDS) 프리미엄이 급등하고 있으며, 한국 외평채 가산금리 역시 근래 최고치를 기록 중이다[뉴스핌, 2011.9.22, 국제금융센터, 금융투자업계]. 지난 20일 기준 한국의 CDS 프리미엄은 159bp로 전날에 비해 5bp포인트 올랐다. 이는 최근 2년 내 최고 수준이다. 오는 2014년 만기인 5년물 외평채 가산금리 역시 지난 20일 192bp를 기록, 지난해 말에 비해 46bp포인트 가량 급등하며 일 년 내 최고치를 기록했다. 또 2019년 만기 10년물 외평채 가산금리 역시 지난 146bp를 기록, 지난해 말보다 85bp나 상승하며 최근 1년 최고치를 기록했으며, 최근 1년 최저치 대비로는 61bp나 올랐다. 이런 가운데 원/달러 환율 역시 유럽계 자금 이탈 속에서 1180선에 육박하고 있으며, 원/달러 선물은 이미 1200원 바로 코앞까지 치닫고 있는 등 외국인 자금이탈이 다시 위기감을 증폭시키고 있다. **특히 한국물 CDS는 올해 상반기까지만 해도 100bp 전후를 오갔으나 하반기 들어 60bp 가량 급등세를 타면서 최근 상승폭이 강화되고 있다.** CDS 프리미엄이란 부도 위험을 사고파는 신용파생상품으로, 기업 또는 국가가 파산해 채권이나 대출 원리금을 돌려받지 못할 경우에 대비해 채무자가 부도 위험을 따로 떼어내 거래하는 것이다. 한국 정부가 외국에서 발행하는 외화표시채권에 대한 부도보험료가 한국 CDS 프리미엄이다. 이와 같은 의미를 갖는 CDS 프리미엄이 상승한다는 것은 국가 신용도가 나빠지고 있다는 것을 뜻으로, 이는 해외채권 발행 비용을 증가시키는 부정적 효과가 있다. **최근 한국의 CDS 프리미엄이 상승하고 있는 것은 유럽의 채무 위기가 여전히 진화되지 않고 있으며, 미국을 비롯해 글로벌 경기 역시 살아날 기미가 보이지 않기 때문으로 풀이된다.** 특히 그리스의 경우 사실상 채무불이행(디폴트) 상태에 이르렀다는 평가가 나오고 있으며, 이탈리아 역시 글로벌 신용평가사인 스탠다드 앤드 푸어스(S&P)가 신용등급을 강등했다[뉴스핌, 2011.9.22, 국제금융센터, 금융투자업계].

10. 세계경제의 불안

튀니지에서 시작된 이른바 재스민 혁명은 중동 전역으로 번졌다. 튀니지의 벤 알리 대통령과 이집트 무바라크 대통령을 퇴진했으며 리비아 국가원수 카다피도 권좌를 물러났다. 다른 중동과 북아프리카 국가들 역시 사정은 비슷하다. 바레인의 경우 문제가 심각하다. 바레인 정부가 시아파 반정부 시위대를 겨냥해 국가비상사태를 선포하자 수니파 거두인 사우디아라비아가 정부 지원군을 파병했다. 이에 대항해 시아파를 지지하는 이란이 참전 의사를 밝혔다. 국지전 양상을 뛰어넘어 3국이 얽힌 전쟁으로 발전할 가능성이다. 중동에 진출한 국내 기업들이 불안한 사태에 직면에 있다. **유럽 재정적자 위기가 다시 세계금융을 불안하게 하였다.** 유럽 주요국의 재정 불안은 글로벌 경기 회복을 훼손시키고 있다. 최근 포르투갈의 국가신용등급이 두 단계 하향 조정됐다. 그리스와 아일랜드가 구제금융을 받았다. 유럽 재정 불량 국가들의 구제금융 공포가 확산되고 있다. 포르투갈, 그리스, 아일랜드 등이 구제금융을 신청할 것이라는 관측이다. 이들 국가들의 국채 수익률도 급증하고 있다. 포르투갈 · 이탈리아 · 아일랜드 · 그리스 · 스페인 등 남유럽 5개국의 국채 만기도래 규모가 가장 큰 시기이다. 어떤 식이든 위기를 넘기겠지만 그 과정에서 빚어지는 불확실성 증대는 글로벌 경제에 타격을 줄 것이다[서울파이낸스, 2011.3.17].

미국 발 글로벌 금융위기 : 위기는 세계경제질서와 세계통화질서를 근본적으로 뒤흔드는 최악의 사태였다. 미국 발 글로벌 금융위기는 1929년 공황에 버금가는 초대형 위기로 각국의 실물 및 금융 및 실물경제까지 붕괴까지 위협했다.

위기 요인과 주가 회복 기간		
위기 요인		미국 다우지수 회복기간
1929년 대공황	공급과잉과 주식 부동산 투기	15년 2개월 (1929년 9월 3일; 381~1954년 11월 23일; 382)
1987년 블랙먼데이	증시과열, 인플레이션 우려, 국제공조실패	2년 (1987년 8월 25일; 2722~1989년 8월 24일; 2734)
2008년 금융공황	주택투기, 무분별한 파생금융상품개발	

자료; 블룸버그, 한국투자증권, 중앙일보, 2008.10.14

1929년 당시 미국 다우지수는 34개월 동안 89% 떨어진 뒤 하락을 멈췄다. 2008년 10월 미국 발 글로벌 금융위기기 터지면서 다우지수는 2007년 고점에 비해 40%폭락했다. 한국의 코스피지수도 38% 정도 떨어졌다[중앙일보, 2008.10.14.]. 대공황의 진행 과정에서도 공황발발 직전 미국은 땅과 주식에 대한 극심한 투기바람이 불었다. 제1차 대전 후 경기팽창 정책과 규제완화 정책이 지원되면서 다우지수는 8년간 394%나 올랐고 유럽은 더욱 심했다. 독일의 주가는 5년 반 동안 1080%, 프랑스는 7년 동안 420% 급등했다.

글로벌 금융위기는 미국과 유럽의 주택투기와 금융사들의 무분별한 파생금융상품 개발이 글로벌 위기로 키웠다. 금융규제 완화와 저금리정책이 위기 과정을 더욱 심화시켰다. 그러나 관리능력 면에서 양자 간에는 커다란 차이가 있다. 공멸을 피하기 위해 각국 정부와 중앙은행 및 국제공조체제가 적극적으로 대응조치에 신속히 나선 점이다. 세계가 신속한 금리 인하조치에 공조하고 최종 대부자 기능을 적극적으로 수행했으며 적극적인 경기대응책을 강구한 점 등이다. 국제경제 질서의 정상화 방안서도 미국이 주도적으로 나섰다.

세계 각국은 글로벌 금융위기로 국제경제 질서를 일시에 붕괴시키는 사태에 직면하면서 다시 한 번 미국의 달러화를 기축통화로 하는 세계통화질서에 대해 논의하는 계기가 되었다. 미국 달러화에서 국제통화기금(IMF)의 특별인출권(SDR)으로 대체하자는 주장이 전면에 부상했다. 브라질은 달러화의 SDR 대체안과 멀티 통화 시스템의 도입을 주장한다. 각국의 보유외환과 국가간 금융거래를 SDR를 기준으로 하고, 현재 달러화, 유로화, 일본 엔화, 영국 파운드화로 이루어진 SDR

에 브라질 헤알화와 중국 위안화를 포함시킬 것을 제안한다. 달러화의 SDR 대체안은 달러 헤게모니를 종식시켜야 한다는 인식일 깔려 있다. 이 대체안에 대해 중국, 러시아, 브라질, 프랑스 등이 동조하고 있다[연합뉴스, 2010.11.13]. 그러나 달러화의 SDR 대체가 실현되기 위해서는 상당한 협의와 절차가 필요하다. 우선 SDR로 대체하려면 IMF의 유동성을 늘려야 하고 이와 관련한 글로벌 합의가 필요하다. 달러화 대체 방안은 G20과 IMF의 의사 결정이 필요하기 때문에 결코 쉽지 않다.

글로벌 금융위기는 블록화 형성 구축에 대해 다시 한 번 불을 붙이는 계기가 되었다. 서유럽은 유로 존의 형성 후 심화 과정을 밟으면서 동유럽과 지중해로 확대하고 있다. 남미는 2007년 남미국가연합을 출범시켰다. 남미 7개국은 남미공동시장(메르코스르)을 형성하였고 남미 10개국은 2007년 남미국가연합을 출범시켰다. 미국, 캐나다, 멕시코는 북미자유무역협정(NAFTA)을 통해 경제공동체 블록을 구축했다. 걸프지역 국가들은 걸프협력기구를 결정하였고 단일통화를 추진 중이다.

동남아시아 10개국은 아세안(ASEAN)의 느슨한 공동체가 있다. 그러나 동북아 3국은 아직도 공동체를 구축하려는 노력조차 없다. 중국, 일본, 한국의 동북아 3국은 아시아 역내 총생산(GDP)의 60% 이상을 차지한다. 높은 비중에도 불구하고 동북아 3국의 협력 체제는 아세안

국가에 비해 크게 뒤처져 있다. 동북아 3국은 아시아 통합의 선도적 역할을 하기 위해 동북아 공동체 구축에 나서야 한다. 3국은 적극적인 노력을 추구해야 한다. 동북아시아 3국의 공동체를 구축하기 위해서는 ① 3국의 공동체 구축이 아시아 통합의 선도적 역할을 하기 위해 동북아 3국 정상회담이 정례화 한다. ② 기존의 협력 수준과 내용을 지속적으로 발전시키기 위한 전략적인 방안들을 찾는다. ③ 3국은 외환, 에너지, 환경 등 분야별 공동기구를 만들고 동북아 3국간 자유무역협정을 체결한다. ④ 동북아 공동체는 몽골, 북한이 참여하는 개방적 공동체를 지향한다. ⑤ 3국은 에너지 협력기구를 창설해 석유를 공동 구매 비축한다. ⑥ 3국이 대규모 유학생 교류 사업을 진행한다. ⑦ 3국은 공동기금을 조성하고 금융위기에 대비한다.

3국은 아시아통화기금(AMF) 설립에 큰 진전을 보았다. 총 기금 1200억 달러 가운데 960억 달러의 분담금은 중국, 일본, 한국 3자가 각각 40%, 40%, 20%로 합의하고 나머지는 아세안 10개국이 분담하기로 했다[신문, 2009.5.4]. 아시아통화기금은 경제위기에 처한 아시아 국가를 돕기 위해 긴요하게 쓰일 수 있게 됐다. 이제 돈을 지원받은 국가가 지원 조건을 제대로 이행하고 있는지 감시할 기구를 설립하는 문제만 남아 있다. 기구의 운영방식과 설치 장소 등이 정해지면 AMF 설립은 완결될 것이다. 채권투자기구의 설립 합의도 보았다. 그 동안 아시아는 무역흑자로 벌어드린 달러를 달러와 유로 채권 매입으로 채워 왔다. 어렵게 번 아시아 돈이 미국과 유럽의 경제발전을 위해 쓰여 온 셈이었다. 그러나 아시아 채권투자기구 설립됨으로서 아시아 채권시장이 활성화되면 아시아 자금이 아시아를 위해 사용될 수 있을 것이다.

시장변동환율제도의 세계적인 지향 : 세계경제 문제들은 지난 G20 회의에서 잘 나타나고 있다. 우선 환율문제의 해결이다. 환율 갈등을 해결하기 위해 시장이 결정하는 환율제도를 이행하고 경쟁적인 통화 절하를 자제하는 문제이다. 경상수지 규모를 지속 가능한 수준 내에서 모든 정책 수단을 동원해 관리한다. **경제 펀더멘털이 반영될 수 있도록 시장 결정적인 환율제도로 이행하고 경쟁적인 통화 절하를 자제한다.** 경제 펀더멘털에서 환율과 밀접한 연관을 맺는 경상수지에 대해서도 경상수지를 지속 가능한 수준으로 유지하고 그 안에서 모든 정책 수단을 추구한다. 그러나 각국이 적정 환율수준을 찾는데 논란의 여지가 많이 남아 있다.

시장 친화적이라는 표현에서 시장 결정적 환율로 진전됐고 경상수지에 대해서도 목표가 제시된 점에서 크게 진일보 했다. 이런 국제적인 합의는 위기국면으로 치달았던 환율갈등이 환율전쟁으로 비화되는 최악의 상황은 넘기고 있다. 또 경상수지와 관련, 관리목표인 흑자·적자 규모에 대해 구체적인 수치를 제시하지 않고 있지만 지속가능한 수준 정도로 관리목표를 언급하고 있다. **환율전쟁이 다자간 협의체(G20) 속에서 합의를 이뤄낸 것은 각국이 앞 다퉈 통화가치를 떨어뜨리는 환율전쟁을 잠시 휴전하고 골치 아픈 환율문제를 연기한 것에 불과하다. 요동치고 있는 국제금융시장의 불안을 일시적으로 진**

정시키는데 기여하지만 근원적인 접근에는 실패했다.

중국은 경상수지 규모를 2015년까지 국내총생산(GDP)의 4%로 제한하자는 미국 측 주장을 피했으며 자국의 위안화 절상을 압박하는 G7의 공세도 넘기는 접점을 찾았다. 이런 합의는 단기적이고 일시적인 합의이며 실행력을 담보한 방안과는 거리가 멀다. 중장기적으로 볼 때 갈등의 불씨는 남아 있다.

11. 일본의 외환시장개입에 따른 국내증시 영향

일본이 10조엔, 우리 돈으로 약 140조원이라는 사상 최대 규모로 외환시장에 개입했다. 이에 따라 G20 정상회담을 앞두고 '환율전쟁'이 재연될 수 있다. 원·엔 환율이 급락하고 미국과 유로존의 재정위기가 다시 떠오르며 국내 증시에 또 다른 악재로 작요할 것 같다. 엔화 약세가 국내 증시와 경제에 좋지 않은 영향을 미칠 것이다. 약세 전환 되면 관련 수출기업들이 타격이 입는다. 엔화 약세가 장기추세로 전환될 것 같진 않지만 일본 정부가 개입할 때마다 일어날 일시적인 현상에 그칠 것이나 엔화 약세가 장기화되면 당장 우리의 수출기업들에 큰 부담이 될 수밖에 없다. 특히 IT와 자동차, 부품산업은 세계 시장을 놓고 일본 업체들과 치열하게 경쟁하고 있기 때문에 엔화 약세로 전환되면 일본 업체들의 가격경쟁력이 높아진다. 반면, 일본으로부터 수입량이 적거나 없는 정유, 화학 업종 등은 상대적으로 유리할 수 있다. 엔화 약세에 따른 국내 증시 영향이 생각보다 크지 않을 것이다[머니투데이, 2011.11.1].

12. 신흥시장의 자본 유출입과 한국경제

신흥시장의 자본유출 : 자유화와 개방화의 바람을 타고 세계 각국이 개방적인 통합경제로 가면서 자국의 금융시장이 세계금융시장과 통합되는 추세를 보이고 있다. 신흥국가들도 자국의 자본시장을 개방하면서 자본의 유출입이 그 어느 때 보다 대량으로 활발하고 신속하게 움직이고 있다. 특히 신흥시장은 거대한 선진국 자본시장에 비해 작은 형편인데 반해 자국에 투자하고 있는 외국인의 대량 자본 유출과 유입에 노출되어 있다. **신흥자본시장은 규모면에서 적고 시장 불안정성이 높기 때문에 자본유입과 유출에 매우 민감하게 움직이는 특징을 가지고 있다. 신흥자본시장의 자본유출을 일으킬 수 있는 중요한 요인으로는 경제개발 붐을 타고 자주 일어나는 수익률 급등락 가능성, 신용 및 시장위험, 유동성 재정 투명성 취약, 환율변동의 위험, 정치적 요인, 금융 불안에 대한 대처 능력 미약 등에 있다.** 금융자본의 속성은 수익률의 급격한 변동과 정치적 변동 등에 따라 대규모로 신속하게 움직이기 때문에 신흥국가의 금융시장뿐만 아니라 실물시장에도 큰 타격을 줄 수 있다.

스위스 프랑과 일본 엔화의 강세통화 행진과 스위스의 고정 환율 정책 : 유로 존 부채위기 심화와 미국 경제침체 여파로 금융시장 투자수요가 안전자산으로 간주되는 스위스 프랑과 엔화로 몰리면서 두 통화의 가치는 2011년 8월 들어 역대 최고 수준으로 폭등했다. 이러한 상황이 계속되자 스위스 중앙은행인 스위스국립은행(SNB)은 6일 스위스 프랑 환율을 유로 당 1.20프랑으로 고정하고 프랑화를 시장에 무제한 공급하겠다고 선언했다. **발표 직후 스위스 프랑 가치는 유로 대비 8.8%로 사상 최대 하락폭을 보이며 약세로 돌아섰고 이 여파로 엔화가치도 함께 하락했다.** 최근 몇 주간 달러 당 76.70~80엔 선을 유지하던 엔·달러 환율은 이날 뉴욕외환시장에서 장중 달러당 77.73엔까지 상승했다. **스위스의 극약처방으로 일본당국은 어려운 상황에 직면했다. 외환시장에서는 엔화가 잠시 약세로 돌아섰지만 안전통화 수요가 스위스 프랑에서 엔화로 더 몰리면서 엔이 더욱 폭등할 수 있다는 전망이 제기됐기 때문이다.** 일본 중앙은행인 일본은행(BOJ)이 엔고(高) 방어를 위해 추가 부양책을 내놓을 수도 있다는 관측이었다. 그러나 기대와 달리 BOJ는 추가 완화를 내놓지 않고 동결했다. 이날 BOJ는 기준금리를 현행 0~0.1%로 동결하고 15조엔 규모의 자산매입기금과 35조엔 규모의 대출프로그램도 그대로 유지한다고 밝혔다. 이 같은 BOJ의 결정은 이미 지난달 자산매입·대출프로그램 규모를 늘리며 통화정책 완화를 실시했던 점을 고려해 이달 또 추가조치를 내놓기보다는 일단 기존 완화의 효과를 검토하기로 한 것으로 본다. **일본이 스위스의 뒤를 따를 수 없는 이유를 크게 두 가지로 설명한다.**

첫째, 스위스프랑이 최근 들어 적정가치에 비해 유독 절상된 것과 달리 엔 강세는 상당히 긴 기간 동안 가치 상승을 보여 온 점이다. 화폐당국 자신도 자체 통계조사로 볼 때 일본의 교역상대국 물가를 감안한 실효환율 기준으로 보면 현재 엔화 수준은 지난 30년간 평균 수준과 크게 어긋나지 않는다고 해석한다. **둘째는 BOJ는 SNB만큼 자유롭지 않다는 점을 든다. 일본은 주요 서방선진7개국(G7) 회원국으로 변동환율 약속을 준수할 의무가 있다. 일본 외환당국이 G7에 엔고방어 공조를 계속 촉구하는 이유가 이것이다.** 일본이 엔고 방어를 위해 단독 개입에 나서기 위해서는 여러 입장을 고려해야 하는 어려움이 따른다.

우선 일본에 가장 큰 영향을 미치는 대미외교의 변수다. 일본은 전통적인 친미외교에서도 적극적으로 우호 메시지를 보내야 하고 주일미군 후텐마 기지 이전 문제 등으로 갈등을 해결하려고 한다. 현재 미 행정부가 달러 약세를 사실상 용인하고 있는 상황에서 일본이 외환시장개입으로 이를 뒤흔들 경우 미국의 입장이 난처할 것이며, 일본 정치권은 이를 피하려고 한다는 점이다. 그렇다고 해서 일본이 외환시장에 개입할 의사가 없는 것은 아니다. 엔고현상이 과도하게 지속될 경우 수출기업 채산성 악화는 물론 일본 경제 회복세도 크게 둔화될 것이기에 동기는 충분하다. 지출 가능규모 40조엔 정도로 추산되는 일본 재무성의 '엔 실탄'도 충분하다. 일본 화폐당국은 세 가지 조건이 갖춰지면 외환시장 개입에 나설 지도 모른다. 수출의 최대 변수인 환율변동성이 심화되면 BOJ가 정부 재정정책에 맞춰 완화정책 실시에 나설 경우, 하루짜리 개입으로 나설 것이다. 그러나 엔고의 근본 원인을 고려할 때 이 같은 시도는 명백한 한계가 있다[아시아경제, 2011.9.8].

구매력평가이론의 실증적인 사례 : 다음 표는 미국과 유럽국가의 물가상승률에 따라 각국 화폐가치의 장기적 대외가치가 어떻게 변동했는가를 잘 보여주고 있다. **독일의 마르크화와 스위스의 프랑화의 대외가치는 자국의 장기간 물가안정 덕분으로 꾸준히 상승한 반면 영국의 파운드화와 프랑스의 프랑화는 대외가치가 꾸준히 떨어졌다.**

물가상승률과 환율 변동			
국가	소비자물가 상승률 (1949~97년 중 연평균)	환율	
		1950년	1998년 4월
독 일	2.8	-	-
미 국	4.0	4.20 DM/달러	1.82 DM/달러
영 국	6.2	11.76 DM/파운드	3.03 DM/파운드
프랑스	5.8	120 DM/100프랑	29.83 DM/100프랑
스위스	3.0	96.1 DM/100프랑	120.5 DM/100프랑

자료: 한국은행, 주간해외경제, 제98-25호

달러-마르크 환율의 변동 추이 : 달러-마르크 환율은 1914~1922년 물가가 급등하는 동안 급속히 폭등했다. 이 기간 동안 독일 인플레이션은 급속히 뛰어 올랐다. **물가상승률은 상상을 초월한 초고속 급등이었다. 이와 같은 초 인플레이션을 겪은 기간, 달러-마르크 환율 추이는 구매력평가이론을 이해하는데 좋은 사례다.** 독일 마르크의 화폐가치는 국내정치 혼란과 최악의 경제상황에 따라 급격히 추락하였다. 정치적으로는 제1차 세계대전에서 패한 독일의 피해국 보상 부담이 너무 컸었고 경제적으로는 경제 붕괴와 함께 직면한 과도한 보상금 문제를 해결하기 위한 독일 당국의 대량의 화폐발행과 통화팽창이 마르크 가치를 급속히 떨어뜨렸다. 정부는 물가 폭등으로 더 이상 손을 쓸 수 없는 무정부 상태에 빠져들었다.

마르크 환율의 변동 추이와 요인

년 도	환 율 (단위 : 마르크)	주요 요인
1914. 7	4.2	
1919. 1	8.9	생산 감소와 통화 팽창
1919. 5	13.5	평화조건이 알려짐
1919. 12	50.0	국제금융 및 경제위기 노출. 평화조건의 환상 부각
1920. 2	99.0	
1920. 7	40.0	군사반란 진압. 제국정부의 금융문제 해결 전망 그 후 보상 상환능력의심으로 급격한 반전
1921. 6	65.0	보상 문제 해결 과제의 잠정적 설명
1921. 11	270.0	보상 문제로 제국재정 악화
1922. 1	192.0	보상의무에 대한 상환불능선언 긍정적 작용
1922. 7	420.0	
1922. 11	7.000.0	
1923. 1.2	7.260.0	
1923. 1.31	50.000	루르지역 점령. 제국의 재정건전화 불능가속화
1923. 2.	42.000	
1923. 4	20.000	제국은행의 금. 외화의 교환매입. 환율 진정
1923. 6	100.000	교환비율 계속 악화
1923. 7	350.000	
1923. 11	4.200.000.000.000	

자료 : Friedrich-Wilhelm Henning, Das indurialisierte Deutschland 1914 bis 1976, UTB, Ferdinand Schoeningh, Paderborn, 1978

원-달러 환율의 변동 추이 : 해방이후 지금까지 원-달러 환율의 장기적인 추이를 보면 구매력평가이론을 뒤받침하고 있는 중요한 사실을 확인할 수 있다. **원-달러 환율은 100년 이상 변동성을 보이며 지속적으로 상승하는 추세를 읽을 수 있다. 이것은 원화의 가치가 지속적으로 추락해 왔다는 사실을 의미한다.** 이 같은 원화가치의 상실은 무엇보다도 높은 물가상승률과 취약한 한국국제경쟁력에 기인한 것으로 본다. 지속적인 물가상승은 통화 팽창과 비용 상승이 주요 원인이었다. 1910년 합병 이전 이미 조선 경제는 일본에게 실질적으로 점령당했다. 당시 조선화폐는 중국과 러시아와의 경제 교류에서 조선화폐는 일반적으로 일본화폐와 교환되기 보다는 중국화폐가 압도적으로 교환되었다. 조선화폐와 중국화폐의 교환비율은 외국통화의 유통량과 정치적인 영향을 크게 받으면서 변동했다. 평북, 의주 지역의 경우, 중국화폐 1원 당 교환비율은 1913년 1월 68.9전, 1914년 1월 77전, 1915년 1월 84.3전에 거래되었다[이석륜, 1990, P.74]. 러시아 화폐와의 교환비율은 회령 지역의 경우, 1913년 1월 1루블 당 1원, 1915년 1월 76전, 1916년 1월 53전에서 1917년 9월 100원당 330루블, 1918년 10월 100원당 540~550 루블로 거래되었다. 이와 같이 러시아의 화폐가치는 특히 1917년 러시아 혁명 이후 급속히 하락하였다가 결국 루블 은행권 태환이 정지되고 말았다[이석륜, 1990, P.76]. 일제 식민지시절 조선의 원화가치는 러시아 및 중국의 화폐에 대해 상승세를 타고 있었음을 알 수 있다. 그러나 해방 이후 한국의 원화가치는 지속적으로 하락하였다. 원-달러 환율은 1945년 0.015(구화폐로 15원 환산)에서

1961년에는 130원으로 상승하였다. 환율은 8,780배가 폭등함으로서 원화가치는 지속적으로 폭락했다. 1980년대 후반 국제수지의 흑자로 잠시 원화 가치가 절상되기도 하였다. 그러나 짧은 이 기간을 제외하면 한국 원화의 대외가치는 아래 표에서 읽을 수 있는 바와 같이 장기적으로 계속 떨어졌다는 것을 알 수 있다. 원화 가치의 지속적인 하락 요인은 통화팽창에 기인한 지속적인 물가 상승, 물자 부족에 기인한 급속한 물가 상승, 물가 급등에서 챙긴 수입업자의 막대한 이득 추구에서 발생한 외화의 만성적인 초과 수요, 공정 환율과 시장 환율의 차이로 인한 달러화의 매매 차익 추구에서 발생한 외화의 가수요가 주요 원인이었다[윤석범, 1996, P.342]. 그러나 1960년대 이후로는 통화 및 재정 팽창과 비용 상승에 기인한 지속적인 물가 상승의 악순환이 결정적인 요인이었다.

〈표〉 원-달러 환율

년 도	환 율	중 요 사 건
1945.10.1	15원	군정청 환율 책정, 조선은행권 통용
1947.7.15	50원	공정 환율 인상, 12월 서울 소매물가 104.2% 상승
1948.10.1	450원	공정 환율 인상, 9월 : 남북한 교역 전면 중단
1949.6	900원 /950원	공정 환율과 일반 환율 이원화, 달러 당 매입/매도율
1950.4	-	이원화 폐기, 은행 율로 일원화, 6월 : 한국전쟁 발발재무부
1950.11	2500원	공정 환율 책정 : 단일고정환율제도 7월 : 한국은행권 최초 발행 12월 : 부산 도매물가 전년 동월 대비 187.7% 상승
1951.11.10	6000원	재무부 공정 환율 인상, 12월 말 한국 은행권 발행 잔액 143.4% 증가, 서울도매물가 전년 동월대비 212.7%상승

년 도	환 율	중 요 사 건
1953.12.14	180환	공정 환율 달러 당 60환에서 180환 인상 2월15일 : 화폐단위 변경(1환=100원) 12월 : 서울도매물가 전년 동기 대비 26.2% 상승, 광복 이후 최저 수준
1955.8.17	498환/502환	한국은행 미 달러화 매입/매도율 결정 56년12월 : 서울 소매물가 전년 동월 대비 46% 상승
1957.1.23		미 정부 환율 유효기간 연장 ; 공정 환율 (달러 당 500환)을 1957년 말 연장 적용 ; 물가 25% 상승 시 환율 재조정 5월 ; 복수환율제도 이행, 12월 ; 소비자물가 전년 대비 년 평균 23.1% 상승
1960.2.23	650환	정부 공정 환율 인상
1960.12.31	1000환	환율 인상, 복수환율제 실시 종교 달러 1249환, 수출 달러 1420환, 기타 수출 달러 1280환
1961.2.1	1300환	환율 단일화, 5월 군사정변 발발
1962	-	3월 ; 박정희 정부권력 장악 6월 ; 긴급통화조치
1963	-	12월 전국도매물가 전년 동월 대비 30.0% 상승
1969.1.16	-	수출금융 융자 단가 달러 당 200원에서 220원 인상, 70년 240원, 71년 260원
1971.6.28	371원	대고객 전신환 매도율 329원에서 인상 9월 : 수출금융 융자단가 달러 당 296원
1974.11.12	-	수출금융 융자단가 달러 당 380원
1985.5.2	-	수출금융 융자단가 달러 당 710원
1989.10.28 1996 1998 2000 2002	- 805.1원 1395.0원 1131.1원 1250.7원	무역금융융자단가 : 중소기업 달러 당 500원 환율변동 폭 제한 환율변동 완전 자유화

자료 : 한국은행, 한국의 금융 경제 연표 1945-2000
한국은행, 해외경제 포커스 각호, 1990년 이후 ; 연간 평균 환율

한국 경제의 어제와 오늘 : 한국은 1960년 말까지 농업경제가 지배했다. 그 시절 다수의 경제학자들은 인구가 식량 생산보다 더 빠른 속도로 증가하기 때문에 식량 부족과 저소득으로 인해 경제발전이 어려울 수밖에 없다는 이론을 펼쳤다. 당시 이런 이론이 풍미하였던 시기에 **선진국에서는 산업 혁신이 시작되면서 기술 혁신을 통한 생산성의 향상과 함께 1960~70년대를 거치며 풍요와 최고 복지 그물망을 확대할 수 있었다**. 한편으로는 **후진국은 성장에 대한 암울한 전망을 부정하고 선진국 발전의 낙수효과와 기술개발을 도입하면 선진국을 따라잡을 수 있다는 개발이론이 등장하였다**. 1960년 이전까지 전통적인 농업이 지배했던 당시 한국 사회는 불균형개발이론이 부합한 전략으로 받아드려졌다. 그리고 그 불균형개발전략은 65년 동안 내내 한국정부 정책의 기조로 자리 잡았다. 환경은 변했지만 정책기조와 경제 사고에는 변함없이 그대로 유지해 오고 있다.

과거 경제성장사를 보면, 산업혁명 이전까지 수천 년 동안 세계의 1인당 소득은 거의 변하지 않았다. 기원후 1500여 년 동안 세계경제의 연평균 성장률은 0.02~0.03% 수준으로 거의 제자리걸음이었다. **산업혁명의 계기로 세계의 경제성장률은 0.5% 수준으로 높아졌다. 19세기 쏟아져 나온 기술혁신으로 대규모 생산이 폭발적으로 증가할 수 있었다**. 최근 30여 년 동안에는 세계경제성장률이 연평균 3.3%에 달했다. 최근 경제성장은 산업혁명 이전과는 비교되지 않을 정도로 빨리 성장했다. 산업혁명의 계기로 세계경제가 급속히 성장하면서 선진국 경제사회는 1960년대 후진국의 개발이론과는 전혀 다른 방향으로 흘러가면서 자연스럽게 불균형개발이론도 잊어졌다.

한국은 1960년대 초 빈곤한 저개발국가로 분류됐었다. 한국은 빈곤이 악순환을 벗어나기 위해 불균형 성장전략과 대외지향적인 개발전략을 양대 축으로 삼아 지속적 성장과 경제규모의 확대를 가져왔고, 해외의존적인 경제발전으로 그 모습을 드러냈다. 이제 한국경제는 수출의존형 경제로 굳어 **현재 한국의 수출경쟁력 및 국가경쟁력은 미국 서유럽, 일본 등의 선진국과 중국 사이에 끼어 있는 신세다.** 2011년 수출상품 경쟁력의 경우, 우리나라가 세계 수출시장에서 점유율 1위를 차지한 품목 수가 1년 새 10개나 감소했다. 세계 1위를 빼앗긴 품목의 절반은 중국에 추월당했다. 1위 품목의 수출액도 2007년 이후 4년 만에 처음으로 감소하는 등 국제경쟁력을 자랑하던 상품의 수출에 빨간불이 켜졌다. 가뜩이나 환율 하락으로 수출 경쟁력에 비상이 걸린 가운데 증권업계는 중국에 밀린 업종들의 주가 움직임에도 촉각을 세우고 있다. 2011년 우리나라의 세계 수출시장 점유율 1위 품목은 반도체, 철강, 선박, 석유화학, 자동차 부품 등에서 총 61개로 전년(71개)보다 10개가 줄었다. 세계 1위에서 밀려난 품목이 26개이고 새로 1위로 올라선 품목이 16개이다. 세계 1위 품목의 수출액도 2010년 1천256억1천만 달러에서 2011년에는 1천34억3천만 달러로 17.7% 감소해 2007년 이후 4년 만에 증가율이 마이너스로 돌아섰다.

세계 1위였다가 정상에서 밀려난 품목 26개 중 절반에 가까운 12개 품목이 1위를 중국에 빼앗겼다. 중국에 추월당한 품목에는 액정디바이스, 철·비합금강 평판압연제품, 합성필라멘트사 등 일부 IT를 포함해 석유화학, 철강 제품 등이 포함됐다. 중국이 우리나라를 추월한 품목 수는 2009년 2개, 2010년 7개, 2011년 12개로 매년 증가 추세다. 또 우리나라가 1위에 오른 61개 품목 가운데에서도 중국은 13개 품목에서 2위를 차지하며 우리나라를 바짝 추격했다.

우리나라가 2010년에 이어 2년 연속 세계 1위를 유지한 품목은 45개였으며 새롭게 1위에 등극한 품목은 16개였다. 그러나 신규 1위 품목 16개는 2위국과의 점유율 격차가 대부분 10%포인트 미만이어서 경쟁국 추격에 대비한 제품 경쟁력 강화가 필요한 것으로 보인다. 2011년 세계 수출 1위 품목 최다 보유국은 중국(1천431개)이었으며 독일(777개), 미국(589개), 이탈리아(230개), 일본(229개)이 뒤를 이었다. 한국은 총 수출액 규모가 5천552억 달러로 세계 7위의 무역대국이지만 1위 품목 보유 순위는 15위로 밀려 있다. 세계 1위 품목의 자리를 지키기 위해서는 가격 및 품질 국제경쟁력 강화와 품목 수의 다양한 확대 등을 위한 지속적인 제품 개발과 수출시장 확대 등 이른바 대대적인 혁신이 지속적으로 뒤 따라야 한다. 국가의 국제경쟁력은 경제의 동력인 민간기업의 국제경쟁력이 받쳐주고 있을 때 유지 가능하다[서울=연합뉴스 권혁창 박초롱 기자, 2013.1.13./금융투자업계, 한국무역협회 국제무역연구원].

연초 달러 대비 일본 엔화의 환율 상승(가치하락) 속도가 한국 원화의 환율 하락(가치상승) 속도보다 3배 이상 빨랐다. 일본의 경기부양을 기대하며 엔·달러 환율은 계속 올라가고 있으며 조만간 90엔선을 돌파할 전망이다. 엔화 약세와 더불어 원화 강세도 지속돼 원·달러 환율이 1,050원까지 무너지면 1,000원까지는 쉽게 떨어질 것이란 전망이다. 올해 달러당 엔화 환율은 86.655엔으로 시작해 11일 88.905엔으로 2.60% 올랐다. 이는 같은 기간 달러당 원화가 1,063.5원에서 1,054.7원으로 0.83% 하락한 것과 비교하면 변동 폭이 3.1배 큰 것이다. 엔화 환율이 올라간 속도가 원화 환율이 내려간 속도보다 3.1배 빨랐다는 이야기다. 이 속도는 원·달러 환율이 1,050원대로 추락하기 전인 10일까지는 5.5배 차이가 났다. 엔·달러 환율이 작년 초 77엔 수준에서 작년 말 85엔대로 1년간 11.28% 상승할 동안 원·달러 환율이 7.37% 하락해 변동 폭이 평균 1.5배 차이 나던 것과 비교하면 올해 초의 속도 차는 훨씬 큰 것이다. 연초 달러 대비 엔화 환율은 세계 주요국 통화 중에서도 상승 폭이 가장 컸다. 엔화 다음으로 뉴질랜드달러(2.24%), 호주달러(1.99%), 유로(0.58%), 인도네시아루피아(0.23%), 싱가포르달러(0.12%), 홍콩달러(0.006%) 순으로 환율이 올랐다. 반면, 중국 위안화는 절상 기조를 이어가며 달러당 환율이 0.11% 하락했고 말레이시아링깃(-1.10%), 캐나다달러(-1.02%), 태국바트(-0.98%), 파운드(-0.49%), 스위스프랑(-0.16%) 등도 내렸다. 외국통화 환율은 서울외국환중개 고시기준이고 원화는 종가기준이다.

2013년 들어 며칠 새 엔화 절하 속도가 빨랐던 것은 일본 아베 신조(安倍晋三) 정권이 '무한 양적완화'를 공식 선언하며 환율 전쟁에 박차를 가한 탓이다. 일본 정부가 2013년 1월 11일 20조2천억 엔(약 240조원)의 경기부양 대책을 결정했고 22일엔 일본은행이 물가목표를 1%에서 2%로 상향조정할 예정이어서 엔·달러 환율이 90엔 선에 도달하는 것은 시간문제로 여긴다. 또 4월에는 일본은행 총재가 새 정부 인사로 교체되고 7월에는 참의원 선거가 있다. **일본 정치 분위기는 엔·달러 환율을 올리는 직간접 정책들을 부추기는 방향이다.** 엔·달러 환율이 90엔을 넘으면 2010년 6월 이후 31개월만이다. 앞으로 엔·달러 환율 상승 추세는 계속될 것이며 100엔에서 지지선이 형성될 것으로 전망한다. 엔화 약세와 동시에 원화 강세도 속도를 내며 심리적 지지선인 1,050원이 무너졌기 때문에 1,000원까지는 급속도로 진행될 수 있다. 한국은행 금융통화위원회가 기준금리를 연 2.75%로 동결해 원화 강세 가능성은 더욱 커졌다. 더불어 원·엔 환율이 2010년 5월 이후 32개월 만에 100엔당 1,200원선 아래로 내려간 데 이어 추락 하락 가능성도 커 국내 수출기업들 특히 중소수출기업들에게 부담을 줄 수 있다. 만약 원·달러 환율 1,050원선까지 깨지면 원화 강세 기대가 커져 일시적으로 폭락하는 오버슈팅 가능성도 나타날 수 있다. 원·달러 환율의 하락과 요동 속에서 투기적 자본의 유출입이 거세질 수 있다[서울=연합뉴스, 박상돈 오예진 기자, 2013.1.13./외환당국/금융투자업계].

국내은행의 유동성 리스크는 금융위기 수준이다 : 농협 · 수협 · 기

업은행의 유동성 리스크가 유동성 불일치 지표(LMI)를 활용한 국내은행의 유동성 리스크를 평가할 때 금융위기 수준이다. 그러나 정부 지원을 받는 특수목적은행이라서 실질 리스크는 크지 않는 것으로 본다. 특수은행은 민간은행과의 경쟁에서 정부 보호의 특혜를 받고 있는 셈이어서 시장 질서를 왜곡하고 있다고 보아야 한다. LMI란 은행의 부채유동성 지수와 자산유동성 지수의 차이를 뜻한다. LMI가 커질수록 은행이 빌린 부채는 급히 갚아야 하는데 막상 은행이 다른 곳에 빌려준 자산은 빨리 회수하지 못하는 위기 상황에 부닥칠 가능성이 커진다. 국내은행의 LMI가 2000년대 초반부터 계속 상승하다가 금융위기 당시 최고수준을 기록했다. 이 기간 은행 예금이 줄고 시장성 수신 비중이 증가하며 부채 유동성이 커졌다. 반면에 유동성이 떨어지는 주택담보대출을 중심으로 자산이 늘어 자산 유동성은 악화했다. 금융위기 이후 예대율 규제 시행과 함께 앞으로 단기유동성 비율(LCR) 규제가 도입될 예정이어서 LMI가 하락세를 지속하고 있다. 그러나 당분간 유동성 불일치가 크게 확대할 가능성은 크지 않다고 진단한다.

농협, 수협, 기업은행 등 특수은행은 LMI가 금융위기 당시의 높은 수준이 이어지고 있다. 특수은행들이 안정성이 상대적으로 낮은 잔존만기 1년 이내의 은행채와 기업예금을 크게 늘린 탓이다. 그러나 이들이 정부 시책에 의한 특수 목적 은행인 만큼 실질적인 유동성 리스크 편이 아니다. LMI는 은행의 신용부도스와프(CDS) 프리미엄이나 은행의 결합(동반)부도확률을 선행하는 것으로 나타났다[서울=연합뉴스 방현덕 기자 , 2013.1.8./한은 금융규제팀 분석].

2013년 건설 · 해운 · 조선업계의 불황 계속 전망 : 한국 경기가 장기 침체의 늪에 빠져 있는 가운데 올해에도 건설 · 해운 · 조선업이 부진을 면치 못할 것이란 전망이다. 이들 업계는 글로벌 금융위기 이후 5년째 대규모 구조조정에서 벗어나지 못하고 있다. 새해 들어서도 추가로 수술대에 오르거나 팔려나가는 기업들이 늘어날 것이란 관측이다. 이에 따라 해당 기업들은 수익성을 높이고 비용 지출을 줄이기 위해 허리띠를 졸라매는 등 다양한 해결책을 마련 중이다.

건설업계의 새해 전망은 몇 년째 암울하다. 주택시장의 장기 침체가 도무지 풀릴 기미를 보이지 않는 데다 공공공사 발주마저 감소세를 보이고 있기 때문이다. 공공사업의 경우에는 최저가낙찰제로 건설사끼리 출혈 경쟁이 불가피해 어렵게 공사를 따내더라도 예전만큼 충분한 이익을 남기기 어렵다. 그나마 대형 건설사들은 해외 시장에 집중해 외화를 벌어들이고 있지만 자력 해외 진출이 어려운 중견 · 중소업체들은 국내 경기침체의 직격탄을 고스란히 맞고 있다. 올해 국내 건설수주 예상액은 총 110조3천억 원으로 지난해보다 0.8% 감소할 예정이다. 연내 회복이 쉽지 않을 전망임을 그대로 반영하고 있다[한국건설산업연구원]. 게다가 주택 취득세 감면 혜택의 종료로 새해 부동산 시장이 더욱 가라앉고 있어 주택사업 의존도가 높은 중견 건설사들의 어려움이 가중될 것으로 보인다. 실제로 올해 회사채와 프로젝트파이낸싱(PF) 대출의 만기 도래로 유동성 위험에 처할 것으로 평가되는 8개 건설사는 대부분 해외 사업 비중이 작은 중견업체들이다. 따라서 국내 건설시장이 회복되지 않는 이상 워크아웃이나 법정관리를 신청하는 건설사들이 올해 중 추가로 나올 가능성이 매우 크다. 1월 현재 100대 건설사 가운데 워크아웃 또는 법정관리 중인 업체는 모두 21곳에 이른다. 금융위기 직후 2009년 1월 1차 신용위험평가로 11개 건설사와 3개 조선사 등 14개사가 퇴출된 지 만 4년이 흘렀는데도 상황은 별로 나아지지 않은 셈이다.

이 때문에 건설경기의 직접적인 영향을 받는 시멘트 업계도 위기의 불똥을 맞고 있다. 7개 시멘트업체 중 2곳만 흑자를 내고 나머지 업체들은 적자 위기에 직면한 가운데 업계 4위 라파즈한라시멘트가 매물로 나왔다는 소문이 돈다. 동양시멘트를 보유한 동양그룹은 건설경기 부진의 여파로 레미콘과 가전사업부인 동양매직을 매각하기로 했고 한일합섬에 대해서도 매각 또는 자산 처분을 추진하고 있다. 레미콘 대기업인 유진기업은 지난해 말 시멘트공장 2곳을 매각하고 아예 시멘트업에서 철수하기도 했다. 시멘트와 레미콘 업체뿐 아니라 주요 건설사들도 자산을 매각하고 인력을 조정하는 등의 긴축경영에 동참하는 추세다. 쌍용건설이 작년 말 임원 50%, 직원 30%를 감축하는 고강도 구조조정에 나섰고, 대우건설과 GS건설 등 톱5 건설사마저 최근 인사에서 임원을 10% 이상 줄였다. 동부건설은 자회사인 동부익스프레스 지분 49.9%를 매각해 재무구조 개선에 나섰고, 법정관리에 들어간 삼환기업은 지난해 서울 도심의 알짜 토지와 건물을 매각하는 등 유동성 확보에 나선 바 있다.

해운업계는 미국의 '재정절벽' 협상 타결과 중국 경제의 8%대 성장 전망에 따라 올 한해 '상저하고(上低下高)'의 흐름을 보일 것으로 예상한다. **작년과 마찬가지로 당분간 업황 부진을 피하기 어렵겠지만 주요 교역국의 경기 회복으로 하반기부터는 국제화물이 늘어날 것이라는 기대감에서다. 그러나 또 하나의 주력 시장인 유럽의 회복 여부가 불투명하고 선박 공급과잉이 해소되지 않았다는 점에서 연내 해운경기 회복이 어려울 것이라는 관측도 나온다.** 배로 나르는 화물량은 한정돼 있는데 최근 몇 년 동안 발주한 선박이 올해까지 많이 쏟아져 나와 공급과잉이 심화될 것으로 본다. 미국과 중국 경제가 나아진다고 해도 그 속도가 더딜 가능성도 있다. 선박을 다 만들어 인도하기까지 시간이 오래 걸리기 때문에 경기가 나빠지기 전 발주한 새 화물선들이 계속 해운사들의 어깨를 짓누를 전망이다. 불과 3~4년 전만 해도 t당 300~400달러에 불과하던 선박용 벙커C유 가격이 최근 600달러대로 올랐다는 점도 큰 문제다. 이런 업계 상황을 반영하듯 국내 3,4위 해운기업인 STX팬오션과 대한해운이 작년 말 잇따라 매물로 나와 있다. 이들 회사는 원유, 철강, 석탄 등의 원자재를 주로 실어 나르는 벌크선 위주의 선사여서 경제침체의 타격을 더 심하게 받았던 것으로 진단한다. STX팬오션은 회사 매각과 별도로 연말 인사에서 임원 숫자를 20% 가량 감축하고 자금 안정화와 수익성 높은 사업에 집중하는 등 고삐를 죄고 있다. 정상 가동 중인 한진해운과 현대상선도 더딘 경기회복과 선박 공급과잉 등의 위기를 해소하기 위해 다양한 자구책을 마련 중이다. 한진해운은 이달 중 미국과 유럽 노선의 운임을 인상할 계획이며 최대한 연료를 덜 사용하는 루트를 개발하는 '노선 합리화' 작업에 박차를 가하고 있다. 현대상선도 연료 효율을 높이는 방안을 강구하고 전 사업장에서 비용 절감 노력을 기울이는 중이다. 조선업계의 불황도 계속 이어질 전망이다[서울=연합뉴스 윤선희 강건택 기자, 2013.1.6.].

한국 경제는 일본 경제를 닮아가나 : 한국 경제는 일본의 90년대 중반과 닮았다. 한국의 일부 저축은행들이 부동산 프로젝트파이낸싱(PF) 부실대출 등의 이유로 파산했던 것이 그 당시 일본과 유사하다. 이러한 상황을 과거 일본과 비교해 스테이지1 막바지이다. 스테이지2는 은행과 증권사 등 대형 금융사가 무너지기 시작하는 단계다. 그러나 한국이 일본의 전철을 그대로 밟지 않을 수 있는 여력은 충분히 남아있다. 특히 경기부양을 위한 재정의 공격적인 역할이 중요한 것으로 진단한다. **저성장 · 저금리 환경에서는 돈을 빌리는 목적이 희미해져 금리를 내려도 경제 주체들의 반응이 약할 수밖에 없어 답은 재정정책 밖에 없다. 이런 환경 하에서는 재정건전성보다 경제를 구제하는 것이 더 중요하다.** 경제가 성숙기에 접어들면 선단기업과 같은 글로벌 경쟁력을 지닌 대기업이 필요하다. 한국은 일본이 지난 20년 동안 무엇을 해왔고 무엇에 실패했는지 냉정하게 바라볼 필요가 있다. 무엇보다 국가 전체적으로 먹을거리를 찾아가는 것이 가장 중요하다. 한국은 새로운 성장 동력을 발굴해 키워나가는 것이 최대 과제이다.

성장률과 금리가 동시에 떨어지는 최근 한국의 상황은 과거 20년의 일본에 비춰볼 때 일본의 90년대 중반과 닮았다. 80년대 후반 부동산 버블 붕괴 이후 금융기관의 부동산 대출이 불량채권(부실채권) 문제로 번지면서 소규모 은행들과 비(非)금융기관이 도산하던 때이다.

한국은 지금 전환기(변곡점)에 서 있다. 이 스테이지1 이 한국의 일부 저축은행들이 부동산 프로젝트파이낸싱(PF) 부실대출 등의 이유로 파산했던 것이 그 당시 일본과 유사하다. 스테이지1의 막바지다. 일본은 스테이지2로 넘어가던 시기가 1997년쯤이다. 큰 도시은행 중 하나인 홋카이도타쿠쇼쿠(北海道拓殖) 은행이 무너지고 얼마 후 산요증권, 야마이치증권이 도산하는 등 대형 금융사들이 쓰러지기 시작했다. 금융시스템의 혼란으로 이어졌다. 이는 아시아 통화위기와는 별도로 진행된 사항이다. 이때부터 기업대출이 본격적으로 줄고 경기가 크게 위축되기 시작했다. 작은 은행들의 부도로 끝날 수 있던 문제가 엎친 데 덮친 격으로 악영향을 받으며 폭발한 것이다. 스테이지3은 그 이후부터 지금까지다. 소비까지 여파가 미치면서 지금도 괴로운 상황이 이어지고 있다.

물론 일본과 한국의 상황이 100% 맞는 것은 아니다. **한국의 성장이 둔화하는 것은 내수와 수출지표를 동시에 볼 때, 수출 모습은 당**

시 일본과 전혀 다른 상황이다. 내수는 반 정도 닮아있다. 그러나 가장 중요한 점은 인구 구조다. 대표적인 예로 인구 구조가 부동산 시장을 바꿔나간다. 고령화의 속도는 오히려 일본보다 빠르다. 한국 경제가 대외 여건에 좌우되는 것은 숙명적인 여건이 됐다. 올해 세계 경제 상황은 어둡고 불확실하지만 좋은 방향으로 흐른다면 스테이지 2까지 이르지 않을 것이다. 한국의 정책여력은 남아있기 때문에 반드시 일본의 전철을 밟을 가능성이 적다. 한국은 금융정책(통화정책)보다는 적극적 재정정책을 뽑아 들어야 한다. 저성장 · 저금리 환경에서는 돈을 빌리는 목적이 희미해져 금리를 내려도 경제 주체들의 반응이 약할 수밖에 없다. 답은 재정정책뿐이기 때문이다. 재정 적자가 불어나는 것을 어느 정도 감수하는 적극적 재정정책을 추구해야 한다. 일본은 스테이지 2로 넘어갔을 때 재정 정책을 선택했다. 그 결과 IT버블이라는 또 다른 변수가 있었지만 경기 부양은 효과를 발휘해 2000년대 초반 잠시나마 회복세로 돌아설 수 있었다는 것을 교훈으로 삼아야 한다. 경제를 지키는 것이 정책의 우선순위에 두어야 한다. 일본의 선택은 공공투자였다. 공공부문에 투자할지, 민간 수요를 늘릴지는 정부의 선택 사항이다.

일본경제는 한국과 경제의 구조가 다르기 때문에 대기업 · 재벌 규제에 대한 문제는 한국과 다르다. 치열한 국제경쟁 환경 속에서 경제가 성숙했을 때 선단기업(선두기업)은 꼭 필요하다. 여기에 부담을 주는 것보다는 어떻게 시장을 창출하고 어떤 상품을 만들고, 이런 것들이 중요하다. 한국 중장기적으로 관점에서 일본이 지난 20년 동안 무엇을 해왔고 무엇에 실패했는지 냉정하게 바라볼 필요가 있다. 일본의 사례가 모두 실패도 아니고 성공도 아니었다. 저금리 · 저성장 상황에서 일본이 잘했던 부분을 가져오면 위기를 극복하는 데 도움이 될 것이다. 무엇보다 국가 전체적으로 먹을거리를 찾아가는 것이 가장 중요하다[도쿄(일본) = 남민우 기자 ChosunBiz.com, 2013.11 / 2013 한국경제 예측 공동 저자 사사키 마사야 노무라종합연구소 연구원].

13. 유로 존과 브릭스(BRICS)

2013년 유로 존의 경제 상황 : 유로 존은 상황을 더 나쁘게 만들 수 있는 것들이 아직도 꽤 많다. 현재 시장이 느끼는 안도감은 언제든 다시 기어들어갈 수 있다. 2013년은 유로 존이 위기에서 벗어날 수 있는지를 가늠하는 결정적인 해가 될 것이다. 최근 시장이 유로존에 대해 안도감을 느끼는 모습은 채무위기에 빠진 국가들의 국채 금리가 낮아지고 있는 것에서 확인할 수 있다. 스페인의 10년물 국채 기준금리도 2012년 3월 이래로 처음으로 5% 아래로 떨어졌고, 이탈리아는 1년물 채권 금리가 2010년 1월 이후로 가장 낮았다. 아일랜드도 구제금융을 받으면서 쫓겨났던 채권 시장에 최근 다시 복귀하면서 금리가 내려앉았고, 주가는 22개월래에 최고치를 기록했다.

유럽중앙은행(ECB)이 유로화안정기구(ESM)를 통해 유로존 영구구제기금을 성공적으로 정착시키고, '전면적통화거래(OMT)'라 명명된 새로운 국채 매입 프로그램을 출범시킨 것도 유로존 안정에 일조했다. 하지만 산적한 경제, 정치, 사회적 문제들이 ECB 정책들에 걸림돌이다. **유로 존이 직면한 정치, 사회, 경제 문제들이 매일 마다 더욱 어려워지고 있다. 또한 "ECB의 제도들"이 아직 검증되지 않은 상태이다. 특히 절박감이 사라지게 될 때 제도 실행에 대한 위험이 뒤따를 수 있다는 점이다.** 이 위기를 영원히 잠재우기 위해 필요한 실질적이고 구조적인 노력이 (ECB의 제도들 때문에) 뒤로 밀리고 있다. ECB는 도와줄 수 있을 뿐 위기를 해결할 수 있는 건 오직 정부들이기 때문이다. 따라서 언제고 다시 위기가 불붙을 가능성이 있다. 올해는 쓸 수 있는 수가 지난해보다 많지 않다[머니투데이 유현정기자, 2013.1.11 / 스탠다드앤드푸어스, 모리츠 크래머].

2013년 브릭스(BRICS)는 세계경제를 견인하기 어렵다 : 신흥 5대국 결속체인 브릭스(BRICS)가 더는 세계 경제 견인차 구실을 하기 힘들 것이다. 브릭스 5개국 가운데 중국이 유일하게 2013년 새해에 성장 둔화에서 벗어날 것으로 전망한다. 역내 나머지 4개국인 러시아, 인도, 브라질 및 남아공은 인플레 심화와 부족한 외국 투자 및 노동 분규 등 맞바람이 심각하다. 또 브릭스가 선진 7개국(G7) '대안'을 목표로 신흥국간 협력 구도를 모색해왔으나 세계 경제 악화 속에 갈수록 자기네 간 경쟁 구도가 심화됐다.

중국은 석 달째 경기 확장궤도를 올라탄 것으로 보아 올해 8.6%

성장할 수 있을 것으로 보인다. 성장 회복이 수출보다는 내수에 의존하는 부분이 클 것으로 본다. 그러나 중국의 새해 성장에 대한 과다한 기대는 금물이란 지적도 잇따라 제기됐다. 제조업 수익을 비롯한 여러 지표가 중국 경제 순항을 예고 있지만 투자자 과신은 금물이라고 경고한다. 거시경제지표는 회생이 여전히 취약함을 보여주고 있다. 중국의 성장이 7~8%대의 안정권에 접어들고 있음을 보여주고 있으며 지난 2년여 진정됐던 중국의 인플레가 다시 꿈틀거리기 시작했다고 지적한다. 규제가 심하지 않은 섀도 뱅킹도 불안 요소이며 이 때문에 중국 인민은행이 올 하반기 이에 대한 규제를 강화하기 시작하면 성장에 부담이 걸릴 것으로 본다. 중국이 단기적으로 성장을 부추기는 것만이 문제가 아니다. 중국의 인구 분포가 장기적으로 불리한 요소이다. 10년 안에 이런 점이 불거질 것이며 중국은 이를 해결할 수 있는 시간이 촉박하다.

중국을 제외한 나머지 브릭스 국가들이 모두 자체 문제에 봉착했다. 인도는 중국과 인구가 거의 맞먹는 수준임에도 경제력은 3분의 1 수준에 불과한 상황에서 성장보다는 이미 7%를 넘어선 인플레와 막대한 재정 적자 해소가 시급하다. 인도는 미흡한 외국 투자로 고통 받고 있으며 인도로서는 디폴트(채무불이행) 후보가 아님을 확신시키는 것도 화급한 실정이다. 브라질도 인플레 부담 속에 취약한 인프라를 개선해 연평균 3.5%에 머무는 성장을 부추기는 것이 시급한 과제다. 러시아는 최대 교역 상대방이며 석유와 천연가스를 가장 많이 사주는 유럽연합(EU)과 계속 마찰하는 것이 큰 부담이다. 남아공은 광산 유혈 파업 등 정치적 불안이 투자자로 하여금 이 나라를 외면토록 하고 있다. 무디스와 스탠더드 앤드 푸어스(S&P)가 지난 3개월 사이 잇따라 남아공의 신용 등급을 강등한 것도 이 때문이다.

브릭스는 결속 상의 한계에 봉착했다. 즉, G7의 대안을 모색하며 출범했으나 역내국 간의 경쟁 심화와 이해 충돌 등으로 한계를 보이기 시작했다. 브릭스 역내국들이 서로 다른, 때론 충돌하고 있다. 세계 경제 악화로 브릭스의 수출 시장과 재정 및 투자 원(源)이 위축됨에 따라 이런 추세가 더 불거질 것이다. 역내국간 이해 충돌의 예로 반덤핑 규제 강화에 대한 중국의 불만과 브라질과 러시아 간 농업 교역 마찰을 들 수 있다. 또 중국과 인도의 성장 위축이 자원 강국인 러시아와 남아공에 충격을 가하고 있다. 브릭스는 2009년 이후 네 차례 정상회담 했으며 올해는 3월에 남아공이 주최한다[서울=연합뉴스 선재규 기자, 2012.2013.1.2/월스트리트 저널].

2013년 중 내외경제에 몇 번 회오리바람이 불 것이다 : 세계 3대 경제권인 북미, 유럽, 아시아를 대표하는 미국, 영국, 일본의 신용등급이 올해 강등될 가능성에 대해 언급되고 있다. 유로 존 주요국과 미국, 일본, 영국의 신용등급이 올해 안에 추가로 강등될 가능성이 있다는 것이다. 올해 글로벌 경제성장이 원만한 속도를 내지 않으면

재정건전성 문제가 해결되기 어렵고 결국 유로 존과 세 나라의 신용등급이 연내에 강등할 수 있다. 작년 말 기준으로 미국과 영국에 대한 무디스, 스탠더드앤드푸어스(S&P), 피치의 등급전망이 모두 '부정적'인 상태다. 일본도 무디스를 제외한 나머지 2개사로부터 '부정적' 등급전망을 받았다.

신용평가사가 이미 판정한 등급전망(outlook)은 특정 기간 안에 신용등급을 조정할 가능성이 있음을 의미하기 때문이다. 기간은 신용평가사마다 다르다. 무디스는 변경된 시점으로부터 '중기적 관점', S&P는 6개월~2년, 피치는 1~2년으로 등급전망 기간을 설정한다. 따라서 최악의 경우 미국, 영국, 일본의 신용등급이 올해 안에 모두 강등할 수 있다고 예상한다. **이들 세 나라가 '부정적'등급전망을 받은 공통적 주요인은 정부의 재정건전성 악화다.** 주요국들이 재정건전성 문제를 해결하고자 긴축정책에 나섰지만 장기 저성장에 발목이 잡혀 있기 때문에 재정건전성 호전이 어려워 보여 하향 조정 가능성을 높이고 있다. **이들 국가의 등급전망을 끌어올릴 수단은 경제 성장이지만 현재로서는 올해 경제가 어느 정도 회복할지 가늠하기 어렵다.**

미국은 최근 재정절벽(fiscal cliff) 협상을 극적으로 타결했음에도 신용평가사들로부터 긍정적 평가를 얻어내지 못했다. 재정절벽 협상은 타결됐으나 심각한 재정적자 문제는 해결되지 않았고 정부부채 비율을 낮추기 위한 추가 조치도 쉽지 않아 보이기 때문이다. **영국**

은 유로존(유로화 사용 17개국)에 속하지는 않지만 최고 등급인 트리플A 등급 국가 중 가장 열악한 재정 상태에 이른 탓에 신용등급 강등 위기에 놓였다. 올해부터 오는 2015년까지 영국의 경제성장률이 연평균 1.6%에 그칠 것으로 전망하고 있고 낮은 경제성장률과 더불어 은행권의 디레버리징(부채축소) 진행으로 국내총생산(GDP)의 약 67%를 차지하는 가계소비가 위축될 가능성이 큰 것으로 진단한다. 일본은 '안정적' 등급전망을 부여한 무디스 외에 다른 2개사로부터 '부정적' 등급전망을 받은 상태다. **일본의 새 정부가 부채를 정리하겠다는 확신을 보여주기 보다는 적극적인 경기부양 확대재정정책을 밀어붙이고 있어 신용등급 하향 가능성을 높이고 있다.** 특히 일본은 정부의 재정건전성이 악화했을 뿐만 아니라 이를 일관적으로 해결할 만한 정치적 안정성도 부족하다는 진단이다. 높은 정부부채, 재정적자, 디플레이션 문제 등에 직면했지만 지난 5년 동안 잦은 정권교체 탓에 일관적인 정책대응이 부족했다고 평가하고 있으며 앞으로 세금과 사회보장 제도 개선 등이 지연되면 신용등급을 하향 조정할 것으로 본다. 그밖에 유로존의 일부 국가도 작년에 이어 올해 신용등급이 추가로 강등될 가능성이 있다. 특히 국채금리는 안정화했지만 마이너스 성장이 예상되는 스페인과 이탈리아의 신용등급이 강등될 가능성도 있다. 일각에서는 최고등급을 받는 독일도 유로존 안정화의 잠재적 부담 탓에 신용등급이 트리플A에서 강등될 수 있다는 우려까지 나오는 형편이다. 미국, 영국, 일본 및 유로존의 국가 신용등급이 추가로 하락하면 한국 금융시장 뿐 아니라 실물경제에도 부정적 영향을 미칠 것이다. 주요국의 신용등급 조정으로 금융시장이 불안해지면 자산 가치가 줄어들면서 소비·투자 심리가 위축돼 실물 경제에도 부정적 영향을 줄 것이다[서울 = 연합뉴스 배영경 기자, 2013.1.10 / 국제금융센터].

14. 한국의 금 보유 규모, 환율 변동과 수출

한국은 2012년 7월 말 현재 총 54.4톤의 금을 보유해 세계 순위 43위에 13계단 올랐다. 전 세계 금 보유량은 3만1347톤이다. 이 중 국가·국제기구별 공식 금 보유량은 미국 8133.5톤, 독일 3396.3톤, 국제통화기금(IMF) 2814톤, 이탈리아 2451.8톤, 프랑스 2435.4톤, 중국 1054.1톤 등 순이다. 한국의 금 보유량을 미국 달러로 환산하면 21억 7000만 달러다. 6월 말 기준 전체 외화보유액(3123억8000만 달러)의 0.7% 수준이다. 1년 전 0.2% 수준보다 많이 높아진 것이다. **금 보유량 증가는 한은이 외화 투자처를 분산해 통화 위험을 줄이고자 안전자산인 금을 지난해에 대거 사들인 결과다. 그러나 외화보유액 대비 금 비중은 우리나라가 미국, 유럽 등 대부분 선진국과 비교하면 여전히 크게 뒤진다. 신흥국에서도 낮은 편이다.** 이 비중이 가장 높은 나라는 포르투갈(90%)이다. 그리스 81.4%, 미국 74.7%, 독일 71.4% 등이 그 뒤를 잇는다. 브라질(0.5%), 헝가리(0.3%), 홍콩(0%), 이라크(0.5%), 캐나다(0.2%), 도미니카공화국(0.8%), 파라과이(0.7%) 등의 비중은 1% 미만으로 한국과 비슷하다[내일신문, 김상범 기자, 2012.7.19.].

환율변동과 가격경쟁력 : 한국의 수출 실적을 달성한 년도와 순위를 보면 1964년 1억 달러 달성과 세계 90위, 1971년 10억 달러 달성과 세계 48위, 1977년 100억 달러 돌파와 세계 24위, 1995년 1000억 달러 돌파와 세계 12위, 2004년 2500억 달러 돌파와 세계 12위에 올랐다. **한국경제는 해외경제에 대한 의존이 매우 높다. 한국 상품을 해외에 수출하고 외국상품을 수입하는 외국 의존도에서 높은 뿐만 아니라 외국 원자재와 국제원유에 대한 수입 의존도도 역시 높다. 또한 한국경제에서 수출은 특히 경제개발이 본격적으로 시작한 1960년대 이후부터 현재에 이르기까지 경제성장의 견인차역할을 수행해 왔고 경기변동을 주도하는 역할을 담당하였다. 수출의 지속적인 증가는 수출품의 경쟁력이 좌우한다. 수출은 단기적으로 가격경쟁력이 압도적으로 영향을 미친다. 가격경쟁력은 수출품의 가격이 상대적으로 낮아야 상대국의 경쟁상품보다 유리하다. 수출은 수출품 가격에 크게 영향을 미친다.**

한국의 대외경제 거래는 해방 이후 65년 동안 비약적으로 성장하면서 지속적으로 확대되었다. 상품 및 서비스의 교역량이 꾸준히 증가하면서 무역구조도 근본적으로 변화하였다. 양적 변화가 질적 변화를 가져온 것이다. 해방 이듬해인 1946년 한국의 수출 규모는 350만 달러에 불과하였다. 무역량의 절대규모면에서나 무역구조면에서 매우 취약했다. 무역구조 면에서 수출한 품목은 오징어 활선어 철광석 등 수산물과 광산물이 주종을 이루었다. 제1차 산업이 주력 수출산업이었다. **1950년대 수출은 대부분 1차 상품이 차지했다. 수출규모도 역시 극히 영세하였다.** 당시 총 수출규모는 1천만 달러 내외로 광산물, 농·수·축산물 등 1차 상품이 95%를 차지했다. 한국동란으로 초토화된 경제는 전후 복구가 마무리된 1960년대 들어서면서 경제개발이 적극적으로 추진되었다. **당시 미국의 원조정책도 무상에 유상으로 변화하였다.** 소위 무상 원조경제의 탈피를 요구받으면서 정부의 경제정책은 수입대체 정책이 요구되는 상황이었다. **수입대체정책은 지속적인 외화 획득을 위해 강력한 정부지원을 받은 수출정책이 뒤 따르지 않을 수 없었다. 1961년 수출실적은 4천만 달러 수준이었다. 당시 수출은 여전히 대부분 원자재였다. 철광석 중석이 10대 수출품목의 주력상품이었을 만큼 후진국의 수출구조를 띠었다. 외화벌이 주력 품목은 제1차 상품들이 담당한 것이다.** 그러나 무역거래 규모가 급속히 확대되면서 공산품 수출비중은 1960년 21%에서 69년 81%로 급속한 구조 변화를 가져왔다. 그럼에도 불구하고 광산물 및 섬유류 등의 공업제품이 주력 수출제품을 차지하는 구조였다. 1964년에는 1억 달러의 고지를 달성했다. 3년 동안에 두 배 이상 증가했다. **1960년대 수출은 평균 41%의 높은 성장세였다. 이러한 수출 성장세는 당시 다른 후진국 특히 아시아 개발도상국에 비해 매우 빠른 속도였다.**

1970년대에는 대외 경제적으로 원유가 파동과 전 세계적으로 고물가 및 경기침체가 동시에 지배하는 기간이었다. 그러나 **한국의 대외지향적인 성장제일주의 경제정책은 일관되게 추진되었다. 수출 중심의 성장제일주의 공업화 정책은 중화학공업 중심의 공업화정책으로 전환되었다.** 산업 고도화가 지속적으로 추구되었다. 1970년대 초반에는 섬유, 합판, 가발 등 노동집약적인 소비제품이 수출의 주력 품목이었다. 중반에 들어서면서 전자제품, 철강·기계·선박 등 공업제품의 수출 비중이 크게 늘어났다. 1973년 석유파동이 한국경제를 급습했다. 석유가격 상승과 산업구조 고도화로 인한 원유 수입의 폭발적인 증가로 국민경제에 부담이 컸다. 이러한 내외 사정에도 불구하고 한국경제는 정부 주도의 민관 합동체제가 수출 총력을 기울인 결과 1977년 100억 달러의 수출 고지를 달성했다.

1980년대에도 **경제성장은 지금까지 취해 온 수출 중심의 성장지향적인 정책이 이끌었다.** 수출 1위 품목은 여전히 의류 상품이 대종을 이루고 있었다. 대외지향적인 수출 드라이브(drive) 정책은 더욱 더 강력하게 추진되었다. 의류수출 중심의 무역구조는 1975년 36%에서 16%로 급격히 감소하였다. 대신 그 자리에 선박, 반도체 등이 주력 수출품목으로 등장하였다. **그 동안 한국경제는 해방 이후 1985년까지 무역흑자를 낸 적이 없었다. 그런데 1986~89년에는 한국 경제역사상 처음으로 만성적인 무역 적자를 탈피하였다.** 4년 연속 무역수지 흑자를 기록했다. 이 같은 실적은 낮은 원유가격과 **저금리 및 저환율의 3저(低)현상이 큰 원동력이 됐다. 1990년대에는 지속적인 고도성장의 결실이 국제경쟁력 향상으로 나타나기 시작하였다.** 기술집약적인 고부가가치 제품이 수출의 주력제품으로 등장한 것이다. 반도체 컴퓨터 자동차 석유화학제품 선박 무선통신기기 등이 수출주력제품군으로 차지한 것이다. 한국경제는 개방화와 세계화가 더욱 빨라지는 물결 속에서도 치열한 국제적인 경쟁을 극복하였다. 기술개발 등 혁신이 발휘되면서 국제경쟁력이 강화되었다. 수출 규모는 1995년 1천억 달러로 늘어났다.

수출 성장			
년 대	수출 정책	주력 수출품	중요 국가
1960년대	성장엔진으로 수출 드라이브 구축 1억 달러 수출 달성(64년)	죽세공품 광목, 김 명란젓 철광석	일본 미국
1970년대	수출 진흥체제 질적 전환 모색기 100억 달러 수출달성(77년)	섬유, 합판 가발, 시멘트 철광석, 신발 과자	일본 미국 양국이 절반 이상 점유
1980년대	수출시장 다변화 및 수입 자유화 추진 공산권 교역 기반 조성	의류, 철강판, 선박 섬유직물, 음향기기 타이어, 목재류 잡제품, 반도체 영상기기	미국 일본 양국 점유 비중 절반 이상
1990년대	국제 규범에 맞는 선진형 무역체제 구축, 1000억 달러 수출 달성(95년)	섬유류, 반도체, 선박 철강판, 자동차 전반: 중화학제품 후반: 첨단기술제품	미국 일본 양국 점유 비중 축소
2000년대	산업경쟁력 강화를 통한 흑자기반 정착 2000억 달러 수출 달성(2004년)	반도체, 자동차, 석유 화학제품, 선박, 자동차 무선통신기기, 컴퓨터	중국, 미국, 일본 3국 점유 비중 절반 이하

자료 : 매일경제신문, 2004.10.21, 중앙일보, 2004.10.23

한국의 수출경제와 산업 및 개별 수출기업은 성장속도나 덩치에서 매우 빨리 달려 왔으며 질적으로 상당히 고도화 됐지만 동시에 많은 문제점을 동반하고 걸어왔다. 한국 수출산업과 수출기업들은 많은 구조적인 문제점을 안고 있는 것이다.

한국의 수출산업과 수출기업들은 고부가가치 상품의 수출경쟁에서

는 선진국의 산업과 기업들에 뒤지거나 치열한 경쟁을 뚫어야 한다. 특히 일본, 유럽 및 미주 국가들과 경쟁한다. 한국의 수출산업과 수출기업들은 싸구려 상품 및 중간 제품의 수출에서는 중국 등 아세아 국가들의 상품수출과 과열 경쟁을 극복해야 하는 상황이다. **한국의 수출 국가는 미국, 일본, 중국 등 3국에 집중되어 있다.** 60년대에는 일본이 수출 주력 국가였다. 70년대 이후부터 30여 년간은 미국이 한국의 최대수출시장 자리를 차지하였다. 2000년 이후부터는 중국, 대만 싱가포르 등 중화권의 수출 비중이 총수출의 1/4일 차지하였다. 한국의 수출산업과 수출기업들은 경제대국의 시장에 크게 의존하고 있다. 따라서 한국의 수출경기는 3대 국가의 경기변화에 예민하게 움직인다. **한국경제는 대외의존도가 높은 개방경제로 완전히 탈바꿈 됐다. 이로 인해 한국경제는 해외경제에 민감하게 반응하는 위험을 안게 됐다.** 반면 한국경제는 상대적으로 취약한 내수기반과 함께 대외쇼크에 대해 취약한 흡수 능력을 가지고 있다. 따라서 한국경제의 경제적 독립성을 위협 받을 수 있고 독자적인 경제정책의 행동반경과 효과를 제약할 수 있다. 정책 당국은 한국경제를 관리하기 더욱 어려워진 것이다.

수출 지역과 품목이 과도하게 편중돼 있다. 수출기업은 주로 대기업이 선도하고 중소기업과 연결고리가 취약하다. 전체 산업의 이중구조가 심화되고 있다. 내수산업과 수출산업이 양극화되고 수출이 소수 산업에 집중돼 있다. 세계시장의 경기에 따라 수출이 잘되는 반도체 휴대폰 자동차 등 특정 산업과 대기업은 잘나갈 수 있는 반면 내수에 치중한 중소기업은 소외돼는 양상을 띤다. **한국경제는 수출 대기업에 지나치게 의존하고 있다 보니 수출이 잘 되더라도 내수와 내수산업에 미치는 파급효과가 적다. 수출경기흐름이 강화되어갈수록 오히려 내수산업에 부정적으로 영향을 미친다. 결국 정책의 최종효과는 경제 전체에 부작용을 초래한다.** 2004년 중반의 경우 경기부진의 심화는 내수부족이 주된 요인이었다. 당시 정부의 경기대책은 총수요관리에 집중되었다. 한국경제는 대기업-중소기업간 수직 상하의 주종관계로 짜진 경제이다. **경기정책에 따른 승수효과는 제약되었고 불확실하였다. 장기적으로는 산업구조의 개선이 필요하다.** 지식기반산업으로 이행하는 수출구조의 첨단산업화가 요구된다. 21세기 수출유망산업은 정보통신기술 및 멀티미디어 관련 산업, 생명공학, 환경공학 등으로 전환한다. 수출기반을 확충하는 것이다. 동시에 내수기반을 확충한다. 탄탄한 내수기반 강화는 고용창출효과가 큰 서비스 산업의 고도화와 복지 네트워크의 강화이다.

한국경제는 만성적인 대일무역 적자에서 벗어나지 못하고 있다. 한국의 대일 무역적자는 장기간 만성적인 상태에 있다. 대일 무역 역조는 일본산 부품 소재에 대한 높은 의존도 때문이다. 한국 수출품은 일본산 부품으로 휴대전화 자동차 등 주요 수출품으로 만든다. 따라서 한국경제는 수출을 많이 할수록 대일 무역적자도 덩달아 늘어나는 구조다. 대일무역 적자를 개선하는 방안으로는 개방과 자유경쟁을 추구하는 국가들과 자유무역협정을 맺는 방법이 있다. 대일무역적자를 다소나마 상쇄시키는 방법은 특히 중남미, 아시아 수출국들과 자유무역협정을 체결하는 방법이 있다. 그러나 한일 간 자유무역협정은 대일무역적자를 키울 수 있는 구조적인 문제에 야기한다. 국가 간 자유무역협정은 쌍무무역협정의 성격을 띠고 있기 때문에 활용가치가 높다.

마의 환율수준을 둘러싼 급등락 파장 : 원 · 달러 환율이 1000원대 이하로 떨어질 것으로 전망하는 전문가들이 많다. 어느 시기에 환율 1000원대 이하로 떨어질지 알 수 없지만 올해 안에 하락할 것이란 의견이 지배적이었다[연합뉴스, 2011.7.31]. 환율 하락은 한국 수출에 직격탄을 날린다. **환율이 하락하면 수출 비중이 높은 한국 경제는 큰 영향을 미친다.** 국내 기업들의 환율 대응력이 강해졌다고는 하지만 중소기업에는 여전히 치명적일 수 있다. **또한 환율 하락은 증시 전반에도 큰 부담으로 작용한다.** 무엇보다 미국의 부채위기와 경기 회복 지연 등으로 달러화의 가치 하락 기조가 유지될 것으로 보이기 때문에 원화 강세는 피해갈 수 없다. **미국의 국가부채 위기는 근본적으로는 미국 신뢰성의 문제다. 따라서 기조적으로는 달러화 가치가 하락하면서 원화가 강세가 계속될 가능성이 높다.** 단기적으로 미국에서 문제가 생기면 외국인 자금이 한국 시장으로부터 빠져나가면서 환율이 올라갈 수 있으나 결국은 내려가는 추세를 유지할 것이다. **유럽과 미국의 위기 영향으로 외국인들이 상대적으로 안전한 한국 채권을 사들이는**

추세도 원·달러 환율 하락요인으로 꼽힌다. 게다가 한국의 금융당국은 물가안정을 위해 원·달러 환율의 하락을 어느 정도 용인할 수밖에 없는 처지다. **미국, 유럽의 불확실성이 계속되고 있고 중국의 긴축 가능성도 있어 원화 강세가 멈추지 않을 것으로 본다.** 미국이 통화를 긴축할 가능성이 없기 때문에 앞으로 원화는 달러 대비 강세를 나타낼 것이다. 이런 여러 가지 요인으로 볼 때 원화 강세 흐름이 유지될 것이기 때문에 올해 하반기에는 1,000원대 초반 또는 900원대로 내려갈 수 있다고 보는 것이다. 물가 안정을 위해서는 원화가 어느 정도 절상되면 좋지만 하락정도가 심하면 외화 수지 측면에서 문제를 일으킨다. 환율하락은 물가 안정에는 긍정적이지만 수출기업의 채산성을 떨어트린다.

환율하락 영향은 기업 규모, 업종별로 다르다. 대기업들은 환 헤지를 해두고 있지만 가격경쟁력에 의존하는 중소기업은 피해가 클 것이다. 실제로 중소기업계는 환율 하락에 불안감을 보이고 있다. 기업들의 경쟁력이 높아져 과거보다 환율의 민감도는 떨어졌다고 하지만 대체로 기업들이 어려워질 수밖에 없다. 특히 한계기업이 큰 충격을 받을 수 있다. 중소기업중앙회의 조사에 의하면 중소업체의 채산성 유지를 위한 적정 환율은 평균 1,118.6원으로 보고 있으며 환율의 안정적 운용을 당국에 건의하기도 하였다. 그러나 **한국 기업들은 환율에 의존하기보다는 기본체력을 길러야 한다. 정책당국이 외환시장에 들어가 가격변수 조절에 무한정 매달릴 수 없으며 기업을 살리기 위**

해 국민적인 부담을 더 이상 전가시킬 수도 없는 노릇이다. 환율불안 해결책은 민간 기업들 스스로 실력을 키우는 것밖에 없다. 기업체질을 바꾸고 생산성을 높이는 노력을 기울이는 길 밖에 없다. 정부이건 기업이건 전문가이건 어느 이익단체이건 환율 타령은 시급히 벗어나야 한다.

15. 한국의 환율제도 변천

한국의 환율제도는 과거 완전한 고정 환율제도에서 자유변동 환율제도로 이행하였다. **과거 한국의 환율은 사실상 미국 달러화에 연결됨으로써 기타 외국통화에 대해서는 원화 가치의 변동과 관계없이 미국 달러화 가치변동에 따라 변동해 왔다.** 1945년 해방 이후 10여 차례 시행된 환율 인상 조치는 환율 고정화로 인해 적시에 실세를 반영하지 못하고 일시적 대폭적인 환율인상을 되풀이 해왔다. 이러한 대폭적인 환율인상은 경제 전반에 심대한 충격을 주었고 부작용이 수반하였다. 이러한 부정적인 영향을 줄이기 위해 그 동안 한국의 환율제도는 환율 변동이 시장 실세에 적응해 가는 제도변화를 단계적으로 이행 하였다. **특히 1997년 12월 외환위기를 맞아 한국 경제가 국제통화기금(IMF)의 관리체제하에 들어가면서 그 동안 단계적으로 변동환율제도에 접근해 갔던 환율변경방식에서 거의 완전한 변동환율제도로 이행하였다. 한국은 완전한 변동환율제도로 이행했지만 외환시장의 격심한 교란으로 환율이 적정수준을 크게 벗어나는 경우**

한국은행은 시장개입을 행사한다. 이러한 의미에서 한국은 미국과 같은 완전한 변동환율제도라고는 볼 수 없다.

▷ 1945년 10월 : 고정환율제도
▷ 1964년 5월 : 단일변동 환율제도
▷ 1980년 1월 : 복수통화 바스켓 변동환율제도
▷ 1990년 3월 : 시장평균 환율제도, 변동폭 ± 0.4%
▷ 1991년 9월 : 시장평균 환율제도, 변동폭 ± 0.6%
▷ 1992년 7월 : 시장평균 환율제도, 변동폭 ± 0.8%
▷ 1993년 10월 : 시장평균 환율제도, 변동폭 ± 1.0%
▷ 1994년 11월 : 시장평균 환율제도, 변동폭 ± 1.5%
▷ 1995년 12월 : 시장평균 환율제도, 변동폭 ± 2.25%
▷ 1997년 11월 20일 : 시장평균 환율제도, 변동폭 ± 10%
▷ 1997년 12월 16일 : 시장평균 환율제도, 상하 제한 폭 철폐

환율 급락과 수출 비상 : 환율 하락세가 멈추지 않으면서 1080원선이 무너지고 1000원대 초반까지 내려갈 것이란 전망이다. 정부는 환율 하락 속도를 낮추기 위해 모든 방편을 고려한다. 2012년 12월 11일 서울 외환시장에서 달러당 원화는 사흘째 계속되는 하락세를 이어가면서 지난해 9월 8일(1075.10원) 이후 15개월만의 최저치에 다가섰다. 이 같은 현상은 미국의 추가 통화정책 완화 기대 때문이다. 미국 연방공개시장위원회(FOMC) 회의에서 추가 경기부양책에 대한 발표가 있을 것으로 예상되면서 환율 하락 압력으로 작용한 것이다. 정부는 급격한 환율 하락세를 막기 위해 기존의 거시건전성 3종 세트

이외에 다양한 방안을 검토하고 있다. **외환규제 3종 세트는 선물환포지션 한도 축소, 외국인 채권투자 과세, 외환건전성부담금(은행세) 부과를 의미한다.** 특히 선물환포지션 한도를 일별 기준으로 바꾸는 것과 역외차액선물환(NDF) 규제를 강화하는 방안 등을 포함해 모든 조치를 고려하고 있다. 이달 말로 미국의 오퍼레이션 트위스트가 끝나지만 여전히 미국 경기는 몹시 좋지 않아 시장에서는 연방준비제도(Fed)가 오퍼레이션 트위스트를 연장하거나 4차 양적완화를 실시하는 등 경기부양책을 이어갈 것으로 보고 있다. 오퍼레이션 트위스트는 연방준비제도가 가진 단기 채권을 팔고 그만큼의 장기 채권을 사들이는 정책으로 인플레이션을 유발하지 않으면서 장기 금리를 낮게 유지할 수 있는 수단이다. 이처럼 환율 하락세가 계속 되면서 수출 비중이 높은 업종에 비상이 걸렸다. 수출 비중이 75~80%를 차지하는 현대기아차는 환율이 10원 하락하면 매출액이 약 2000억원(현대차 1200억원, 기아차 800억원) 감소할 것으로 추정된다. 역시 수출 비중이 높은 삼성전자와 LG전자, 해외 수주를 늘린 대형 건설사도 외환시장을 집중 모니터링하며 대책을 강구하고 있다. **달러화 대비 원화가치가 10% 오르면 우리나라 공산품의 수출 가격은 평균 2.1% 상승한다. 이 경우 대표 수출 품목인 휴대전화는 4.4%, 반도체는 0.7%, 자동차는 0.1%씩 채산성이 떨어지게 된다**[현대경제연구원]. 때문에 정부는 수출 확대와 경제 성장세 회복의 두 마리 토끼를 잡기 위해 환율 방어 대책에 골몰하는 분위기다. 일단 정부의 적극적인 자세 때문에 환율 하락세는 약간 제동이 걸리는 모양새다. 외환시장도 역외차액결제선물환(NDF) 거래에 대한 규제를 검토 중인 것으로 알려진 점 등 당국 개입에 대한 경계감이 환율 하락폭을 제한한 것으로 여겨진다. 당국의 스무딩오퍼레이션(미세조정)과 규제 강화 경계감이 달러화 하단을 가로막았다[안재성 세계파이낸스 기자, 2012.12.11.].

한국 외환시장의 높은 변동성 : 국내 외환시장은 다른 나라에 비해 매우 높은 변동성을 보인 반면 주가나 금리의 변동성은 비슷하거나 낮다. 외환시장의 높은 변동성은 금융 불안을 야기하는 중요 요인이다. 10월 말 현재 **원·달러 환율은 작년 초보다 38.9% 올라 비교 대상인 37개 통화 중 두 번째로 높은 변동성을 보였다.** 이는 일부 동유럽 국가들이나 국제통화기금에 구제금융을 신청한 헝가리에 비해서도 높다. 올해 상반기까지 환율 상승에는 고유가의 영향이 컸다. 원유 수입액이 많고 의존도가 높기 때문에 유가 급등이 경상적자로 이어지면서 환율에 상승 압력을 줬다. 최근의 환율 급등은 자본시장 여건에 기인하였다. 국내 증시는 상대적으로 규모가 크고 외국인 비중이 30% 이상으로 높지만, 외환시장은 규모와 거래량이 적기 때문에 외국인의 주식매도에 따른 역 송금 수요로 환율 급등을 가져올 가능성이 컸다[LG경제연구소 ; 총 51개국의 주가와 환율, 금리 움직임 분석 결과, 세계일보, 2008.11.17].

16. 적정 환율수준의 이탈과 외환평형기금채권

실제 환율이 적정 환율 수준에 형성되어 있으면 전체 국민경제는 순조롭게 움직인다. 그러나 실제 환율이 적정수준을 과도하게 이탈하게 되면 경제에 여려 가지 부작용을 초래 한다. 따라서 환율이 얼마가 적정 환율 수준인가는 국민경제 매우 중요한 의미를 가진다. **외국인의 주식투자자금 유입 등으로 시중에 달러가 넘치게 되면 원화의 가치가 가파르게 오른다. 이러한 급격한 환율 하락은 국내기업이 단기간에 적응할 여유도 없이 수출입 등의 국내외 물량 흐름에 큰 부담을 가져올 수 있다. 외환과 현금, 주식거래 등 금융의 흐름은 신속하게 움직이지만 실물경제의 흐름은 서서히 움직이는 관계로 양쪽 간에 격심한 불균형 상태에 빠질 수 있다.**

원화가치의 급격한 상승은 수출둔화와 함께 경기침체를 초래하고 수출이 이끌고 있는 실물경제에 걸림돌로 작용해 안정적 경제성장에도 악영향을 끼치게 된다. 따라서 환율의 급격한 변동으로 초래된 큰 부작용이 예상되는 경우 정부는 환율 안정을 위한 방안을 강구한다. 2004년 후반 원화 값이 매우 빠르게 오르는 이상 급등 현상이 계속되었다. 2002년 1250원에서 2003년 1180원으로 꾸준히 올랐고 특히 2004년 10월 중순 1150원, 11월 초순 1110원까지 가파르게 올라 상승폭이 3.5%에 달하는 한편 엔화 값은 같은 기간 109엔에서 106엔대로 올라 상승폭이 2.7%에 도달하였다. 이는 한국정부의 시장개입 자제와 위한화의 평가절상 예측, 엔화의 강세, 달러화의 역세 기조 계속 등이 원화 값을 부추기는 것으로 보고 있다[매일경제, 2004.11.8].

정부의 외환수급 대책으로는 외화표시 외국환평형기금채권을 발행해 시중에 넘치는 달러를 흡수하는 방법, 공기업 등의 외화차입을 자제시키고 외화부채를 조기에 상환을 유도하는 방법, 은행의 외화부실채권을 성업공사가 매입하는 방안, 국책은행 등을 통해 시중의 달러를 사들이는 시장개입 방법 등이 있다. 시장개입은 국제기구와 주요국가들의 묵인된 이해 아래 독자적으로 행사된다. 그러나 이 과정에서 과도한 시장개입이 행사되면 환율 조작국이라는 비난을 받는다. 시장개입은 시장 왜곡을 유발하기도 한다. 이런 이유로 시장개입은 조심스럽게 수행한다.

우리나라는 그 동안 환율 하락이 지나치게 빠른 속도로 일어난 경우 외환시장에 개입하였고 여기서 발생하는 달러의 매입 과정에서 시중 통화량 유출을 억제할 목적으로 환율방어용 외환평형기금채권을 발

행하였다. 외환평형기금채권의 가산금리(스프레드)가 한국의 대외 신인도를 가늠하는 대표적인 척도 역할을 한다. 외평채 가산금리란 미국 재무부가 발행하는 국채를 기준으로 발행시장과 유통시장에서 거래될 때 더해지는 수익률이다. 가산금리가 떨어지면 채권가격이 올랐다는 것을 의미하고 금리가 오르면 채권가격 하락을 의미한다.

한국은 외환위기 발생 이후 1998년 4월 외환평형기금채권 발행 당시 가산금리가 5년 물이 3.45%, 10년 물이 3.55%였다. 그 이후 금융시장 불안이 가중되고 기업 부도가 늘어나면서 1998년 8월 중 연 10%까지 올라갔다. 위가가 다소 해소된 1999년 11월중에는 5년 물이 연 1.35%, 10년 물이 연 1.85%로 떨어졌다 : 미국 국채 대비 가산금리 격차(2008년 만기 5년 물 외환평형기금채권 기준)는 다음과 같다 ; 1998년 4월 : 3.55%(발행시점) 2004년 5월28일 : 0.51% 2004년 10월26일 : 0.08% 2004년 11월29일 : 0.05% [매일경제, 2004.11.03].

환율방어 용으로 발행되는 외환평형기금채권 누적은 완전 자유변동환율체제로 이행 한 1998년 이후 국가채무를 증대시키는 가장 큰 요인이 되었다. 2003년의 경우 외환시장 안정용 국채의 증가분은 전체 증가분의 33.8%, 전체 국가채무의 점유 비중은 43%로 상승하였다. 99년 이후 국가채무의 급속한 증대는 주로 공적자금 채권 상환과 외환시장안정을 위한 재정의 적극적 역할과 주택시장 활성화 및 일반회계 적자의 보전을 위한 국채발행이 주된 요인이었다.

17. 외국인의 주식매매와 원-달러 환율 움직임

한국과 같은 경제규모가 작은 소국 개방경제의 경우, 원·달러 환율은 외국인의 주식매매 규모에 따라 긴밀한 상관관계 속에서 움직인다. 2011년 1월-5월 9일 기간 동안 외국인은 환율이 상승(원화 약세)할 때 주식을 팔고, 하락(원화 강세) 때에는 사들이는 행보를 반복해 왔다. 총 86거래일 가운데 원·달러 환율이 전날보다 오른 37일 동안 외국인은 6조1천457억원(누적 기준) 어치의 주식을 팔았다. 전일보다 하락한 49일에는 7조6천783억 원어치나 사들였다. 환율이 오른 37일간 주식 매도일이 22일이었고, 환율이 내린 49일간 매수일은 35일에 달했다. 최근 원화의 절상 폭은 2007년에 비해 아시아 주요 국가의 통화가 모두 큰 폭으로 절상됐지만, 상대적으로 적었기 때문에 한국의 주식을 매수하면서 환차익도 고려한 투자가 가능한 상황이 형성된 것이다. 그동안 유가가 많이 올라 **우리나라의 경상수지가 균형점에 있다고 볼 때 앞으로는 외국인의 주식·채권 매수, 매도와 같은 자본수지가 환율에 큰 영향을 줄 수 있다. 외국인의 매매와 환율 간 상관성이 더욱 높아진 것이다**[한국거래소, 연합뉴스, 2011.5.11].

환율 변동폭이 커진 날에는 주식을 사고파는 규모도 컸다. 환율이 전날 대비 8.1원 오른 지난 2월10일에는 무려 1조997억 원을 순매도 했고 11.6원 상승한 2월11일에도 6천173억 원어치를 팔았다. 원·달러 환율이 7.7원 오른 1월31일과 6.2원 오른 3월10일에는 각각 6천972 억원, 1조1천776억 원의 순매도를 기록했다[한국거래소, 연합뉴스, 2011.5.11.]. 환율이 오른 날 주식을 사더라도 그 규모는 크지 않았다. 4월5일 2천 179억 원으로 규모가 가장 컸지만, 나머지 날은 대부분 수백억 원에서 1천억 원 수준이었다. **환율이 강세를 보인 3월 중순부터 4월 초반까지는 외국인이 주식을 적극적으로 매수하던 시기였다.** 외국인은 3월16일부터 4월11일까지 19거래일 동안 순매수로 코스피를 1,950대에서 2,120대로 끌어올렸는데, 이 기간 원·달러 환율은 13일이나 내렸다. 1,130원대이던 환율은 1,100선을 뚫고 1,080원대로 내려서며 강세를 이어갔다. 4월 말부터 환율이 1,060~1,080원대 박스권에서 움직이는 동안 외국인은 환율 등락에 상관없이 주식을 계속 사들이고 있다. 규모는 크지 않다. 다만, 환율이 내린 4월21일과 4월27일에는 각각 8천342억 원, 6천802억 원의 순매수를 기록했다. 원화 강세 추세에서 주식 매수는 여전히 진행형인 셈이다. 국내 기업들의 펀더멘털 개선을 염두에 둔 투자와 함께 원화 강세를 노린 환차익 물량이 상당 규모 들어온 것으로 보인다. 환율 하락 때 매수 규모가 오를 때 매도 규모보다 크다는 점이 이런 추정의 방증이다.

한국의 자본규제 : 한국 정부는 외환 유출입 변동성을 완화하기 위해 3대 자본규제를 도입했다. 3대 자본 규제는 외국인의 국채 투자에

대한 이자소득세 원천징수제도 부활, 외국은행 국내지점의 선물환포지션 규제 신설, 은행의 비예금 외화부채에 매기는 거시건전성부과금을 말한다. 한국은 글로벌 금융위기 때 겪었던 극심한 외화유동성 위기를 반복하지 않기 위해 작년부터 자본규제를 도입했다. 이 자본규제에 대해 은행들의 외화 채무가 글로벌 금융위기 이전 수준으로 다시 늘어나는 것을 막는 데 성공한 것으로 국제통화기금(IMF)의 평가를 얻었다.

실물거래 대비 선물환 거래 비율을 일정 수준으로 억제토록 한 조치는 은행의 과도한 단기외채를 줄이는데 기여했다. 글로벌 금융위기 이후 조선업체의 선물환수요가 줄어든 것도 요인이 됐다. 그러나 자본 유입에 관한 새로운 규제들의 효과는 앞으로 제한적으로 그칠 것이다. 이자소득세 원천징수제도 부활의 경우 한국과 이중과세방지협약을 맺은 국가의 기업이나 개인은 과세를 면제받기 때문에 충격이 한정적이다. 거시건전성 부과금도 부과금 도입을 논의할 당시 거론된 요율에 비해 낮은 수준에서 결정됐기 때문에 여파가 적을 것이다. IMF는 신흥국의 자본규제에 대한 가이드라인을 3단계로 제시하고 있다. 환율·금리·재정·외환보유액 등과 같은 거시정책을 첫 번째 수단으로 권고하고 있다. 거시정책의 효과가 없을 때 자본유출입에 직접적 영향을 주는 규제를 활용할 수 있지만 주의 할 점은 내국인과 외국인을 차별하지 않는 규제를 우선 사용해야 하고, 내외국인을 차별하는 규제는 최후의 수단으로서 한시적으로 활용할 것을 제안하고 있다. 이런 점에서 볼 때 한국의 자본유출입 규제는 내외국인을 차별하는 규제는 아니라고 판단하고 있지만 가이드라인에 부합하는지는 명시적으로 밝히지 않는 태도를 IMF는 취하고 있다.

IMF는 처음엔 자본유출입 규제 자체를 반대했지만 신흥국의 현실적 여건을 감안해 상황에 따라 규제를 취할 수 있다는 입장으로 바꾸었다. 신흥국 사이에서 거시정책을 사용한 뒤 직접 규제 수단을 취하는 IMF 단계적 접근법은 비현실적이며 선진국입장을 반영한 것이다. 앞으로 2011년 4월 14일 워싱턴 주요20개국(G20) 재무장관. 중앙은행 총재 회의에서 계속 논의될 것이다[IMF, 연합뉴스, 2011.4.11].

환율 1600원대 급등 가능성 : 그리스가 채무불이행(디폴트)된다면 원 · 달러 환율이 최고 1600원까지 치솟을 수 있다. 그 이유는 그리스가 부도 사태를 맞을 경우, 기축통화가 부족한 유럽 계 은행들이 한국에 투자한 미국 달러화를 대거 찾아갈 것이기 때문이다. 최근 한국 정부는 단기외채 대비 외환 보유 여력이 충분하므로 크게 실책을 범하지 않는다면 1200원에서 그친다는 주장과 2008년 리먼브러더스 파산 당시 수준인 1600선까지 치솟을 수 있다는 비관론이 맞서고 있다[매일경제, 2011.9.15.]. 3년 전 리먼 사태 때 1500원을 넘은 학습효과와 외환당국의 적극적인 개입 가능성을 염두에 둔다면 환율은 최대 1200원까지 갈 수 있다. 그러나 비관론자들은 글로벌 위기가 확대되면 환율이 1200원을 넘는 것은 순식간이라고 본다. **그리스 디폴트가 발생하**

면 유럽계 자금이 우리나라에서 가장 먼저 빠져나갈 터이고, 그렇게 되면 환율이 급등할 수밖에 없다.

그리스 부도 사태가 생기면 환율은 최대 1200원까지 상승할 수 있지만 지금은 2008년 금융위기 당시와 달리 은행 단기외채 대비 외화 보유액이 여유가 있어 1200원 안에서 관리할 것으로 본다. 그러나 비관론자들은 지금과 같은 불안한 상황이 지속하면 환율이 연말까지 1200원 선을 넘을 수 있다고 본다. 그리스가 디폴트로 가면 충격이 훨씬 더 클 것이기 때문에 2008년 금융위기 때처럼 1600원 선까지 치솟을 수도 있다. 환율이 3년 전 리먼 사태 때처럼 폭등하는 것을 방지하려면 정부의 대응이 중요하다. **2008년 금융위기 전에 정부가 환율 관리 차원에서 외환시장에 대거 개입하면서 6개월간 외화보유액에서 400억 달러를 소진했다. 이 때문에 단기외채 대비 외화보유액 여유분이 적어져 위기 때 환율이 급등했다. 다시 위기가 올 경우 환율의 일시적 급등을 외화보유액을 소진해 막기보다는 국내 은행들이 단기외채 차환에 어려움을 겪지 않도록 지원하고 미국이나 다른 아시아 국가들과 통화스와프와 같은 국제공조를 통해 시장을 안정시키는 게 더 중요하다.** 최근 서울 외환시장에서 원·달러 환율은 이탈리아 신용등급이 강등될 수 있다는 우려가 불거지면서 1120원대까지 올랐다. 무디스는 지난 6월 이탈리아 신용등급을 부정적 관찰 대상에 올리고 이번 주까지 검토를 끝내고 강등 여부를 판가름할 전망이다[매일경제, 2011.9.15].

18. 국내 시중은행의 외화유동성

최근 유럽 발 재정위기와 경기침체 및 미국 발 재정위기와 경기불안 등이 도미노처럼 번질 가능성이 한국경제를 불안하게 하면서 국내 시중은행의 외화유동성이 충분한지에 대해 다시 한 번 의구심이 고개를 들고 있다[파이낸셜뉴스, 2011.9.15]. 커미티드 라인은 외화유동성이 막힐 경우, 일종의 마이너스 대출로 제휴한 해외은행에서 끌어다 쓸 수 있는 외화자금이다. 그러나 미국과 유럽시장이 재정위기 등으로 붕괴될 경우 해외 은행들이 안전자산인 달러를 국내 은행에 대출해줄지 의문이다. 무역금융도 지난해 7월부터 100% 회수 가능한 외화자산으로 분류됐지만 실제 금융위기로 신용경색이 일어날 경우 국내 은행의 외화유동성 위기를 불러올 수 있다.

무역금융은 은행들이 기업들의 수출입거래를 중개할 때 발생된다. 국내 수입업체들이 보통 3~5개월 만기의 외환어음을 발행해 수입대금으로 지급한다. 수출업체는 이를 근거로 국내은행에서 대금(달러)

을 받는다. 은행은 이 대금을 해외에서 채권을 발행해 조달한다. 하지만 2008년 금융위기 때처럼 신용경색이 일어나면 무역금융은 100% 회수 가능한 외화자산이 되지 못한다. 당시 국내 수입업체들이 해외 수출업체에 지급한 어음을 은행들이 결제해 줘야 하는데 은행들이 외화를 조달하지 못해 외환위기가 발생했다.

무역금융이 2008년 은행권의 외화유동성을 불러온 주범이라는 점을 감안하면 급증한 무역금융에 대한 금융당국의 규제가 필요하다. 올해 6월 말 무역금융에 포함되는 내국수입유전스는 300억 달러로 이는 금융위기 당시인 2008년 6월 말(256억 달러)보다 많다. 내국수입유전스는 국내 수입업체가 주거래은행을 통해 발행한 외환어음이다. 은행의 외화자산 중 50% 이상이 무역금융이며 금융위기 등 급박한 상황에서 무역금융을 차환할 외화채권을 발행할 수 있는 은행은 매우 어려운 처지에 빠지게 된다. 실제로 2008년 신용경색 당시 은행권은 무역금융 등에서 발생된 채무를 갚을 외화를 마련하지 못해 정부에 손을 벌렸다.

외화유동성 스트레스테스트 결과에 의하면 시중은행 전체적으로 중장기 외화유동성이 부족한 것으로 나타났다. 기준 미달 은행이 공개되지 않으면서 은행에 대한 뜬소문만 나돌고 있다. 금융위기가 재발할 경우 한국의 신용부도스와프(CDS) 프리미엄이 급증해 중장기 채권을 발행하기 어려워진다. 대부분의 은행이 2008년 위기를 교훈

삼아 단기자금보다 중장기자금 비율을 크게 늘렸지만 아직 충분치 않다. 신용경색이 발생할 경우 중장기 자금 구하기가 불가능해지며 중장기 채권은 보통 5년물 CDS 프리미엄에 가산금리를 붙이는데 CDS 프리미엄이 급증하면 국내채권을 찾는 투자자 물색도 어려워지게 된다[파이낸셜뉴스, 2011.9.15].

19. 2012년 연말 정부의 외환정책

원·달러 환율이 계속 떨어지자 정부는 신중한 태도에서 적극적인 개입의사를 비치고 있다. 정부는 기존의 3종 외환정책 세트[6]의 규제 강도를 높이고, 필요하면 기존에 없던 새로운 규제 도입도 비쳤다. 또한 수출입업체와 간담회를 열어 심리적인 환율 쏠림을 완화하기 위한 소통도 강화하고 있다. **최근 환율의 급락현상은 이른바 '리딩(Leading) & 래깅(Lagging)' 요인이 크다.** 당국자는 최근 환율의 변화속도가 가파른 것으로 진단하고 있다. 이른바 외환변동성 완화를 위한 3종 세트의 개선방안 또는 미세조정을 준비하고 있는 것 같다. 가파른 속도가 계속된다면 일부 조치를 구체화할 가능성이 있는지 등을 좀 더 깊이 검토하겠다는 뜻을 비쳤다. 현재 한국은행과 금융감독원은 선물환 포지션 제도의 운영 실태를 전반적으로 점검하기 위해 은행에 대해 특별공동검사를 하고 있다. 최근 증가 추세에 있는 외화구조화예금도 함께 들여다보고 있다. 이달 중 검사를 마치

6) 선물환 포지션 제도, 외국인 채권투자 과세, 외환건전성 부담금

고 결과를 분석하면 대책을 내놓을 예정이라고 한다. 지난해 선물환 포지션 한도를 강화한 것처럼 이번에도 한도를 강화할 가능성이 크다. 당시 정부는 외국은행 지점의 선물환 포지션 한도를 종전 250%에서 200%로, 국내은행은 50%에서 40%로 각각 축소한 바 있다. 규정상 50% 내에서 조정할 수 있어 기술적으로는 125%, 25%까지 줄일 수 있다. 이번에도 지난번과 같은 동률로 강화한다면 150%, 30%로 25%씩 축소할 수 있다.

또 다른 제도는 은행의 비(非)예금성 외화부채에 계약만기별로 차등 부담금을 부과하는 제도다. 부과 요율을 높이거나 부담금을 물리는 금융기관 대상을 은행에서 증권회사를 비롯한 다른 금융기관으로 확대하는 방안을 검토하고 있다. 정부는 기존의 '3종 세트' 외에 추가 조치 가능성도 열어 놓고 있다. 원화 가치 상승이 더 가팔라지면 실행할 수 있는 준비를 할 것이며 여러 가지를 연구개발(R&D) 하는 단계 중임을 비쳤다. 새로운 규제는 우선 채권거래세가 유력해 보인다. 정치권이 제안한 **토빈세는 국내외 투자자의 차별 문제로 정부가 반대하고 있으며, 채권거래세를 도입한다면 차별이 없어서 자본통제로 비치지는 않기 때문에 유력한 정책대안이다.**

외환시장의 투기성 논란이 꾸준히 제기되는 분위기를 고려할 때 역외차액결제선물환(NDF)을 추가로 규제할 가능성도 있다. 당국은 정책의 우선순위로 먼저 3종 세트를 손질하는 것이지만 새로운 규제를 검토할 가능성도 있다. 외환 당국은 최근 외환시장의 쏠림현상은 수출업체가 달러화 매도를 서두르고 수입업체는 매수를 미루는 '리딩(Leading) & 래깅(Lagging)'전략 탓으로 본다. **기대환율은 현재 환율 변동에 지대한 영향을 미친다. 원·달러 환율의 하락을 예상해 수출대금으로 받은 달러화를 시장에 내놓으면 환율이 더 하락해 결국 수출업체도 손해를 볼 수 있다. 반대로 수입업체들도 달러 하락에 대한 기대로 결제를 늦추면 이 역시 과도한 환율 하락을 부추겨 많은 부작용을 유발한다.** 이런 사태를 막기 위해 정부는 시장의 일방적인 쏠림현상을 방임하지 않을 것임을 전달했다. 불안 심리를 안정시키기 위해 당국은 우선 수출업자와 수입업자 만나 래깅 전략에 대한 당국의 우려를 전달할 계획이다. 공기업에도 환율 안정을 위한 협조를 당부할 계획이다[서울=연합뉴스 김준억 구정모 기자, 2012.11.13.].

20. 환율 급등락, 그리고 1995년과 2008년

원·달러 환율은 계속 떨어지고 있지만 엔·달러 환율은 오르고 있다. 세계 시장에서 일본 제품과 경쟁하는 우리로서는 달갑지 않은 상황이다[서울신문, 2012.10.31.]. 10월 들어 원·달러 환율은 지난달 말보다 달러당 19.9원이나 떨어져 원화 가치가 1.8% 오른 반면 엔·달러 환율은 같은 기간 달러당 2엔 오르면서 엔화 가치는 2.6% 떨어졌다. 원화 값은 오르고 엔화 값은 떨어지면서 100엔당 원화는 1373.65원(외환은행 오후 3시 고시 매매 기준)이다. 지난달 말에 비해 61.16원이나 떨어졌다. 문제는 엔화 값이 더 떨어질 것으로 전망된다는 점이다. 일본은행(BOJ)은 이날 국채 등을 사들이는 자산매입기금을 80조엔에서 91조엔으로 11조엔(약 151조원) 더 늘린다고 밝혔다. 지난달 자산매입기금을 10조엔 늘린 데 이어 두 달 연속 기금을 확충한 것이다. 엔고(高)를 저지해 수출 경쟁력을 높이는 한편 경기 회복세 둔화를 막기 위해 돈을 더 풀기로 한 것이다. 이 같은 조치로 엔·달러 환율이 달러당 82~84엔 수준으로 오를 것으로 보고 있다.

일본 도쿄시장에서의 이날 엔·달러 환율은 79.46엔이었다.

원화 값은 오르는데 엔화 값은 떨어지는 현상은 1995년에도 있었다. 달러당 800원 선이었던 당시 원·달러 환율은 1994년 9월 들어 700원대로 내려앉더니 1996년 6월까지 거의 20개월 동안 그 수준을 유지했다. 당시 1996년 경제협력개발기구(OECD) 가입으로 우리나라에 대한 국제 시각이 긍정적이었던 데다 금융기관의 단기 외화 차입을 허용했던 조치가 주요 원인이었다. 그 여파는 경상수지로 나타났다. **환율 변동이 경상수지에 미치는 영향은 6개월 정도의 시차를 두고 나타나는 것으로 알려져 있다. 1996년 경상수지는 229억 5310만 달러 적자였다. 사상 최대 적자다. 이듬해인 1997년에도 81억 8260만 달러의 적자를 기록했다.**

거꾸로 간 경우도 있었다. 2008년 이명박 정부는 고환율 정책을 구사해 달러당 900원대였던 환율을 그해 5월 1000원대로 끌어올렸다. 글로벌 금융 위기 여파로 2009년 봄에는 1500원대까지 솟구쳤다. 반면 당시 달러당 100엔을 넘었던 엔화는 2008년 10월 90엔대로 내려가더니 2009년 내내 90엔대에 머물렀다. **고환율은 수출이 중요한 우리나라로서는 기막힌 호재였다. 실제로 2009년 경상수지는 327억 9050만 달러 흑자였다. 1998년 426억 4200만 달러 흑자 이후 최대치다. 환율은 국민경제에 매우 중요한 경제변수이자 자원배분의 역할을 수행하는 기격변수이다. 우리나라 경제에서 수출을 등한시할 수 없다. 이 관점에서 보면 최근의 엔화 약세, 원화 강세는 염려될 수 있다.**

21. 목표환율 중심의 외환정책

한국의 정책당국은 땜질식 환율정책으로 경제교란만 가중시키는 정책실패가 많았다. 우리나라 정책당국이 저지른 정책의 실패 사례를 다음과 같이 정리해 보았다. 첫째, 수출을 촉진하기 위해 목표환율을 높은 수준에서 유지하려고 했지만 외국인들이 주식을 대량 매입하면서 시장은 당국의 의도와 다른 상황이 전개되었다. 시장 상황은 외국인의 주식 매입 → 자본 유입 → 외화 유입 → 외화공급 증가 → 환율 하락을 부채질하였다. 둘째, 정부는 과도한 환율 하락을 막기 위해 외환시장에 개입하였지만 결과적으로 나타난 최종 효과는 통화팽창만 가져왔다. 외환시장 개입 → 달러 매입 → 시중 통화량의 증대를 초래했다. 셋째, 과다한 시중 유동성을 상쇄하기 위해 당국은 외화평형기금채권을 발행하였지만 결과적으로 공공채무만 증대시켜 실물경제에 부담만 가중시켰다. 정**부는 편리하게 시중 유동성을 줄인다는 명분으로 외화표시 외화평형기금채권 발행 증대 → 국가채무 증대와 채권이자부담 증가 → 재정수지 악화와 민간의 자금조달 여**

력 위축 및 정부의 재정운용 제약과 정부투자 위축 우려 → 경제발전 저해를 초래하였다.

한국의 원화 값은 2004년 말 달러 당 1011.6원에서 2006년 1월 9일에는 36원 급등한 975원까지 하락했다. 환율 회오리에 휩싸인 것이다. 부동산투자와 직접투자의 한도를 확대하였고 시장에도 적극 개입했지만 시장 반응은 냉담하였으며 환율은 큰 폭으로 곤두박질쳤다. 미국의 추가금리 인상 여지 축소와 쌍둥이 적자 누적 등 달러화 자산으로부터의 자금 이탈을 부추기는 거시경제적인 요인, 미 일간 달러화 약세 용인에 대한 합의 소문이 달러 매도를 확산시킨 데다 서울외환시장의 외화초과공급까지 압박하면서 원화가치가 상승하였다.

환율 하락은 한국 경제의 힘을 반영하는 긍정적인 측면이 있지만 원화 가치의 단기 급등(over-shooting)은 수출 의존도가 높은 한국경제에 적응할 시간적 여유도 없이 큰 부담을 준다. 환율 급락을 초래하는 환차익을 노린 대규모 투기세력에 급제동을 걸 수 있는 장치를 마련하고 수출채산성 악화를 줄이는 방안으로 품질 고급화에 모든 역량을 강구하야 한다. 일시적인 원화 값 상승에 대응할 수 있는 경제 체질을 강화하는 길만이 최선이다[매일경제, 2006.1.10].

원-달러 환율과 원-엔 환율 : 2006년 연말부터 원화 값이 지속적으로 오르는 현상이 지배하면서 시장 흐름을 인위적으로 억제할 수 없었다. **특히 원-엔 환율의 하락이 원-달러 환율의 하락 속도가 보다 큰 것이 문제였다. 원-달러 환율 하락의 영향이 기업 및 경제에 미치는 영향은 별로 크지 않았지만 원-엔 환율 하락은 국내 기업의 경쟁력을 근본적으로 위협하였기 때문이다**[중앙일보, 2007.12.6]. 엔화에 대한 원화 가치의 상승은 세 가지 경로를 통해 국내 기업에 영향을 미쳤다. 첫째, 원화로 표시된 일본제품의 가격이 떨어져 시장 점유율을 높였다. 일본 여행 상품, 일본산 자동차, 철강, 플라스틱의 가격 경쟁력이 높아져 대일 무역수지를 악화시켰다. 특히 양국제품이 경쟁하는 세계시장에서 한국제품의 가격 경쟁력이 떨어져 대외수출을 악화시켰다. 원-달러 환율 하락은 국내기업의 경쟁력 강화와 세계경기 호조로 수출을 증가시켰다. 그러나 원-엔 환율 하락은 일본제품의 가격 인하와 한국 제품의 가격 인상을 불러와 수출을 감소시켰다[삼성경제연구소, 중앙일보, 2006.12.6].

달러에 대한 엔화 가치가 10% 떨어지면 한국의 수출은 4년간 매년 107억7천만 달러 감소로 예측되었다. 여기에 원화에 대한 엔화의 상대적 가치 상승까지 가세하면 수출 사정이 더욱 악화될 것으로 나타났다. 이는 세계수출시장에서 경쟁하는 한일 상품의 경합도가 연관된다. 수출 경합 정도는 2000년 28.8% 2002년 42.7% 2004년 46.1% 2005년 50.6%로 높아졌다. 한국 수출품의 절반 이상이 일본과 치열한 경쟁을 벌린다는 의미다. 특히 미국 유럽 수출시장에서는 원-엔 환율이 가격 경쟁력을 결정하는 중요 요소가 되었다.

반도체 휴대전화 조선 등과 같이 원-엔 환율로부터 자유로운 업종은 대미 및 대일 원화 환율 하락에도 가격 결정력의 우위(반도체)와 기술수준의 우위(D램) 및 제품의 특화 선점(한국; 액화천연가스 운반선 해양설비 제조, 일본; 내수용 컨테이너선과 벌크선 중심 제조), 일본이 아닌 미 유럽 제품과의 경합 제품(휴대전화) 등으로 수출 증가세를 계속 유지하였다. 원-엔 환율 하락이 한국경제와 기업에 이득을 가져오는 측면도 있다. 일본제 기계 등 생산제와 부품을 들여오는 기업은 생산비용을 줄이는 비용절감 효과를 얻는다. 그러나 비용 감소 효과는 환율 하락 효과를 상쇄할 정도가 되지 못한다. 그러나 유로존 국가들은 유로-달러 환율 하락을 통해 특히 역내 수출기업들이 비용 절감을 가져왔고 수출경쟁력을 제고시킬 수 있었다[매일경제, 2007.7].

저자약력

저자 **양 종 기(梁 鍾 基)**

- 연세대학교 경제학과, 학사
- 독일 자유 베를린 대학교 Diplom-Volkswirt
- 독일 자유 베를린 대학교 경제학 박사
- 건국대, 단국대, 숙명여대, 성균관대 강사
- 서경대학교(구 국제대학) 전임교수
- 한독경상학회, 유럽학회, 한독사회과학회 이사
- 고합물산 사외이사
  현재 E&I Center 대표

❒ 저서와 주요 논문 및 연구보고서

- Die Crowding-Out Problematik im Rahmen der Kurz-und Langfristigen Analyse, Peter Lang, 1987(mana cum laude; 최우수 박사 논문).
- 화폐금융론, 진영사, 1997년
- 위기가 기회다, 공저, 다산출판사, 1998년
- 기관투자가의 자산운용(공저), 국민연금연구센터, 1998년
- 한국의 자본시장과 경제발전(공저), FESKOR SYPOSIUM, 1988년
- 경제이론과 정책, 예맥, 2002년
- 경제의 이해, 원출판사, 2007년
- 거시경제학, 원출판사, 2008년
- 화폐금융 국제금융, 원출판사, 2009년
- 시장경제와 경제이론, 원출판사, 2009년
- 알기 쉬운 투자론, 신론사, 2010년
- 경기 안정화와 재정지출 및 통화정책, 경상논총, 1987년
- 한국의 자본시장과 경제발전, 경상논총, 1988년
- 환율결정과 그의 변동, 투자금융, 1989년
- 합리적기대하의 통화금융정책, 국제대학논문집, 1990년
- 토빈의 Q이론과 통화 및 공채 발행의 국민 경제적 파급 효과, 투자금융, 1989년
- 금융자유화, 국제화에 따른 통화정책의 유효성 제고 방안에 관한 연구, 1990년
- 독일 지방재정과 지방의회에 대한 연구, 지원연구논문, 1992년
- 독일 연방과 주 및 게마인데(Gemeinde)의 공채관리에 관한 연구, 지원연구논문 1992년
- 스위스, 독일, 영국의 금융제도에 대한 비교 연구, 지원연구논문, 1995년
- 기관투자가의 자산운용, 지원연구 보고서, 1998년
- 독일 연방과 주 및 게마인데(Gemeinde)의 공채관리에 관한 연구, 연구보고서, 1992년
- 공채발행을 통한 재정금융정책의 효과에 대한 고찰, 한국산업 연구, 1992년
- 미국 단기금융시장에 관한 소고, 투자금융, 1994년
- 多資産市場, 實物市場, 財政政策, 서경대학교논문집, 1994년
- 스위스, 독일, 영국의 금융제도에 대한 비교 연구, 지역연구, 1996년
- 공채발행의 국민 경제적 파급 효과, 서경대학교 논문집, 1996년
- 주요 선진국의 금융정책 전략에 대한 소고, 산업경영연구, 1998년 12월
- 한국은행의 목표인플레이션 관리에 대한 고찰, 산업경영연구, 2000년
- 남북한 경제교류협력의 변화와 과제, 통일연구, 2000년
- 통일 이후 독일 금융의 변화 추이, 금융, 2001년
- 유럽의 자산관리업과 은행 진출의 동향, 금융, 2002년
- 유럽금융의 구조적 특성과 은행대출경로, 산업경영연구, 2002년
- 최근 미국 은행산업의 변화와 추이, 금융, 2003년
- 재정정책이 경제성장에 미친 이론적인 고찰, 사회과학논문집, 2007년
- 한국 자본주의의 모습과 특성 및 성격, 2010년

[양종기 박사의 경제이야기_2] **달러와 한국경제**

초판 인쇄 • 2013년 5월 22일
초판 발행 • 2013년 5월 28일
저 자 • 양 종 기
발 행 인 • 정 성 열
발 행 처 • 도서출판 ONE
주 소 • 서울특별시 마포구 신수동 448-6
등 록 • 제313-2003-427호
전 화 • 02-323-8536
팩 스 • 02-323-8531

저자와의 협의하에 인지생략

ISBN 978-89-6481-137-5

정가 13,000원

- http://one-book.co.kr